お大師さま御誕生千二百五十年記念

弘法大師行状絵詞伝

小松庸祐　編著

目次

はじめに

お大師さまってどんな方

「お大師さま」という呼び名は、なんと温かい響きを伴っていることでしょう。

多くの人々に慕われているお大師さま、その響きの声に応ずるが如く、全国各地に霊妙なお話が伝えられています。

誰もが知っている「いろは歌」は……

【諸行無常《しょぎょうむじょう》】　色は匂へど散りぬるを　いろはにほへとちりぬるを
【是生滅法《ぜしょうめっぽう》】　我が世誰ぞ常ならむ　わかよたれそつねならむ
【生滅滅已《しょうめつめつい》】　有為の奥山今日越えて　うゐのおくやまけふこえて
【寂滅為楽《じゃくめついらく》】　浅き夢見じ酔ひもせず　あさきゆめみしゑひもせす

涅槃経《ねはんぎょう》（大般《だいはつ》涅槃経の略称）に説かれている四句の教理を述べた言葉を、お大師さまが四十七字の仮名文字に訳されたものです。覚えやすく、書きやすい「いろは歌」は日本国中の人々が読み書きができるようになった基礎でした。

さて、お大師さまの生涯を絵図で表した「弘法大師行状絵巻」（南北朝時代）という重要文化財の絵巻物があります。

江戸時代にこれを元に、百二十三カ条の絵を四本の軸に仕立てました。高野聖はこの軸を携えて全国各地を歩き、絵を解きお大師さまの行跡を広めました。

令和五年、お大師さま御誕生千二百五十年を迎えました。私も高野聖のようにお大師さまを慕う一人の僧として、法樂寺蔵のお軸を写真に写し詞書を添え、本の形で皆さまのお手元にお届けすることで千二百五十年をお祝いしたいと考えました。

本の表紙カバーは、法樂寺とも縁のある富岡鉄斎（一八三七～一九二四）の「富士と三保の松原」「和歌の浦妹背山・名草山・玉津島神社」の絵巻（法樂寺蔵）を用いました。

この作品は明治二十七年（一八九四）、明治天皇、皇后両陛下の銀婚祝賀にふさわしい絵を献上したいという依頼を受け、鉄斎が精魂込めて描いたものです。

私は富士山が大好きです。それゆえ、大好きなお大師さまの本の表紙に、この絵を選びました。

その富士山を、山岡鉄舟（一八三六～一八八八）は次のような歌に詠んでいます。

晴れて良し　曇りても良し　富士の山　元の姿は変らざりけり

明治天皇の侍従を務めることが決まった時、周囲からの嫉妬に苛《さいな》まれた鉄舟は、富士浅間《せんげん》大菩薩に己の六根清浄を祈り歌を奉納しました。

私にとりましてお大師さまは富士山のごとく心の中にそびえるお方。夢とあこがれの思いを強くし、御誕生千二百五十年をお祝いいたします。

滋賀県栗東市　正樂寺において

小松　庸祐

弘法大師行状絵詞伝

凡例　弘法大師行状絵詞伝

一、弘法大師一千百年御忌事務局発行（昭和九年一月十五日）の『弘法大師行状絵詞傳』を参照。

一、絵は、法樂寺所蔵（小山竹藏氏寄贈）の軸四幅を底本とした。
本紙130×75
画面12×16（最小）　12×40（最大）
各軸、右に同じ。第四幅下段に「大師行状記」と記されている。

一、写真は小松庸祐撮影。

一、絵の題字は軸に書かれている文字・旧字体に可能な限り統一した。

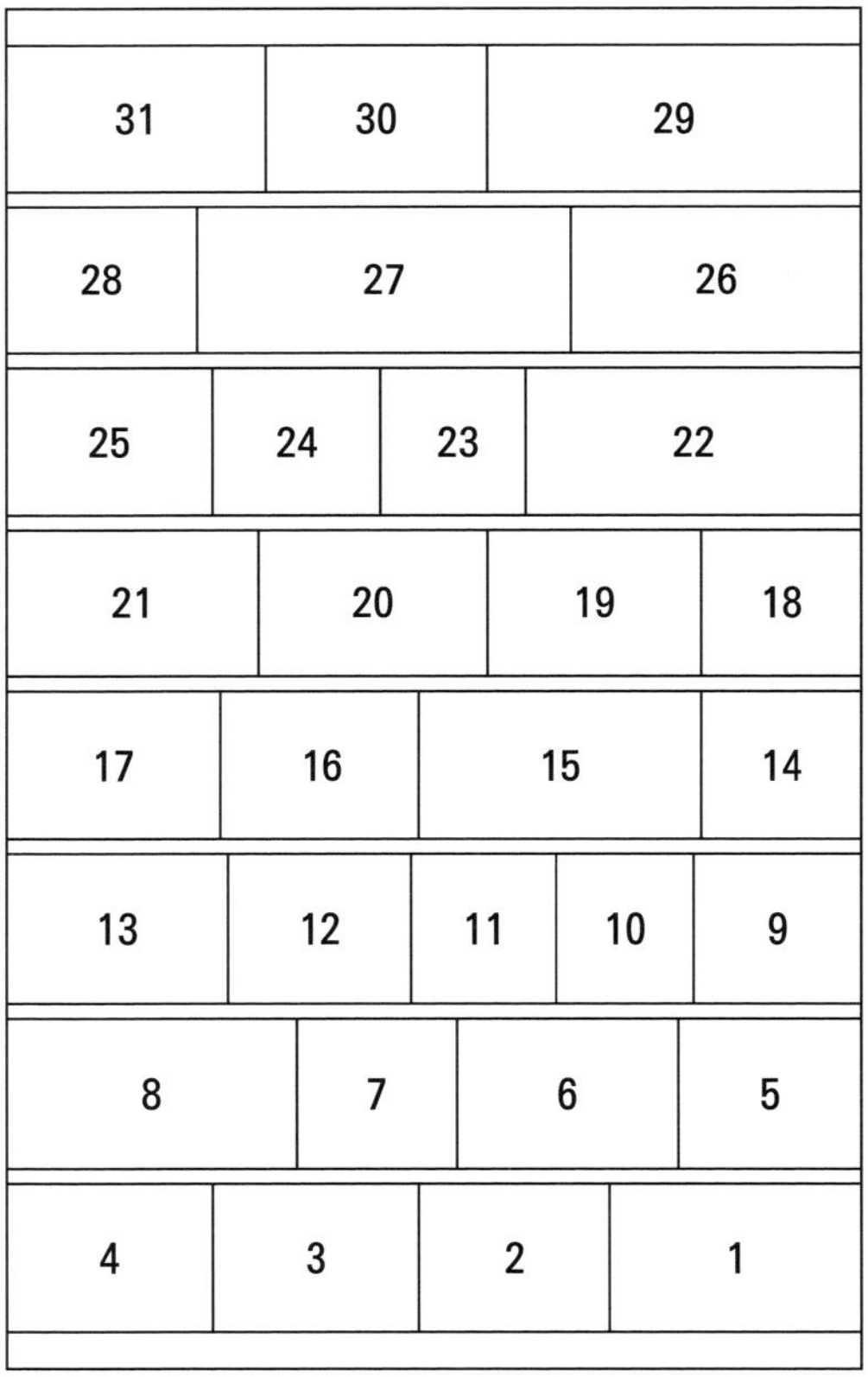

第一幅　三十一絵

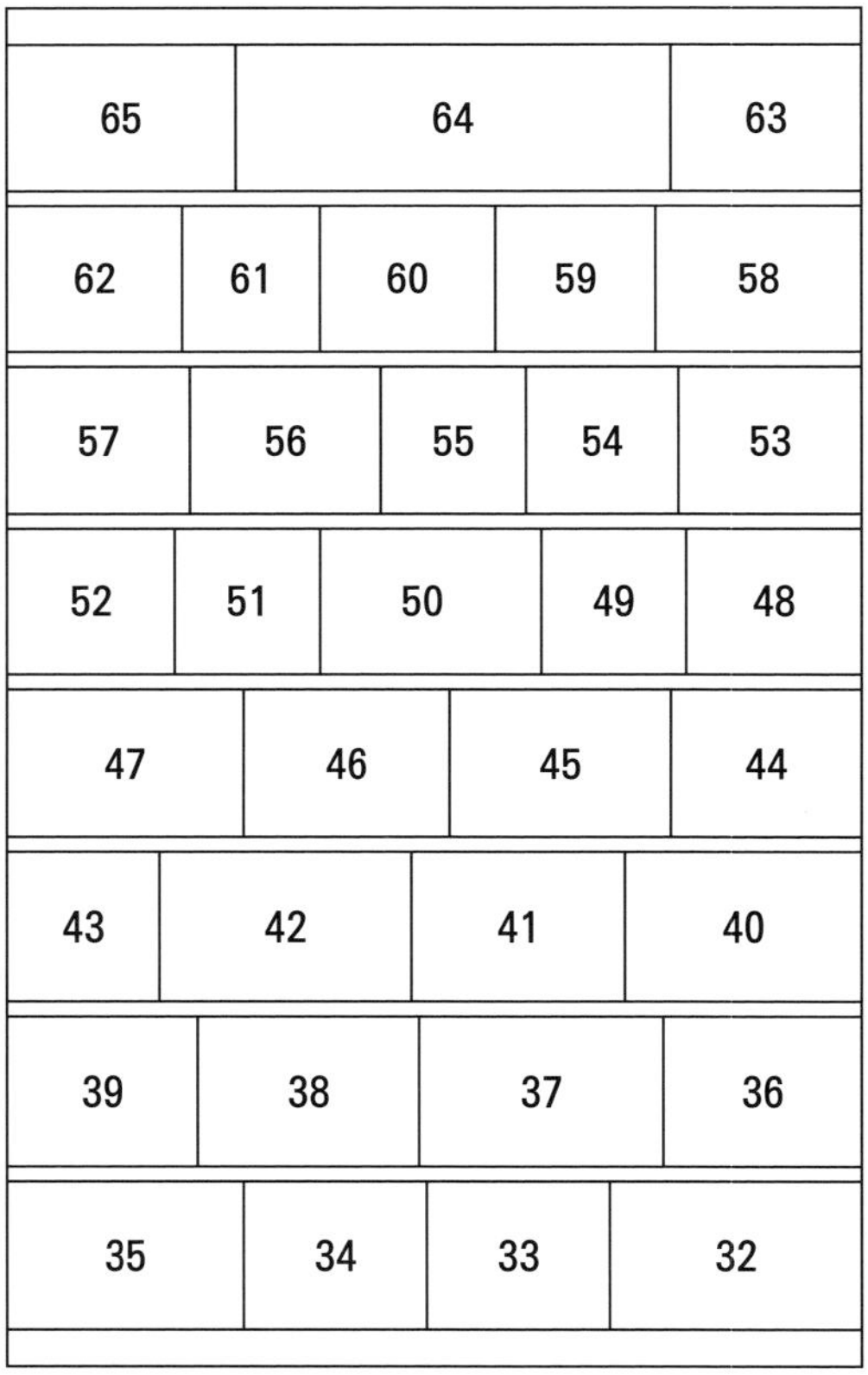

第二幅　三十四絵

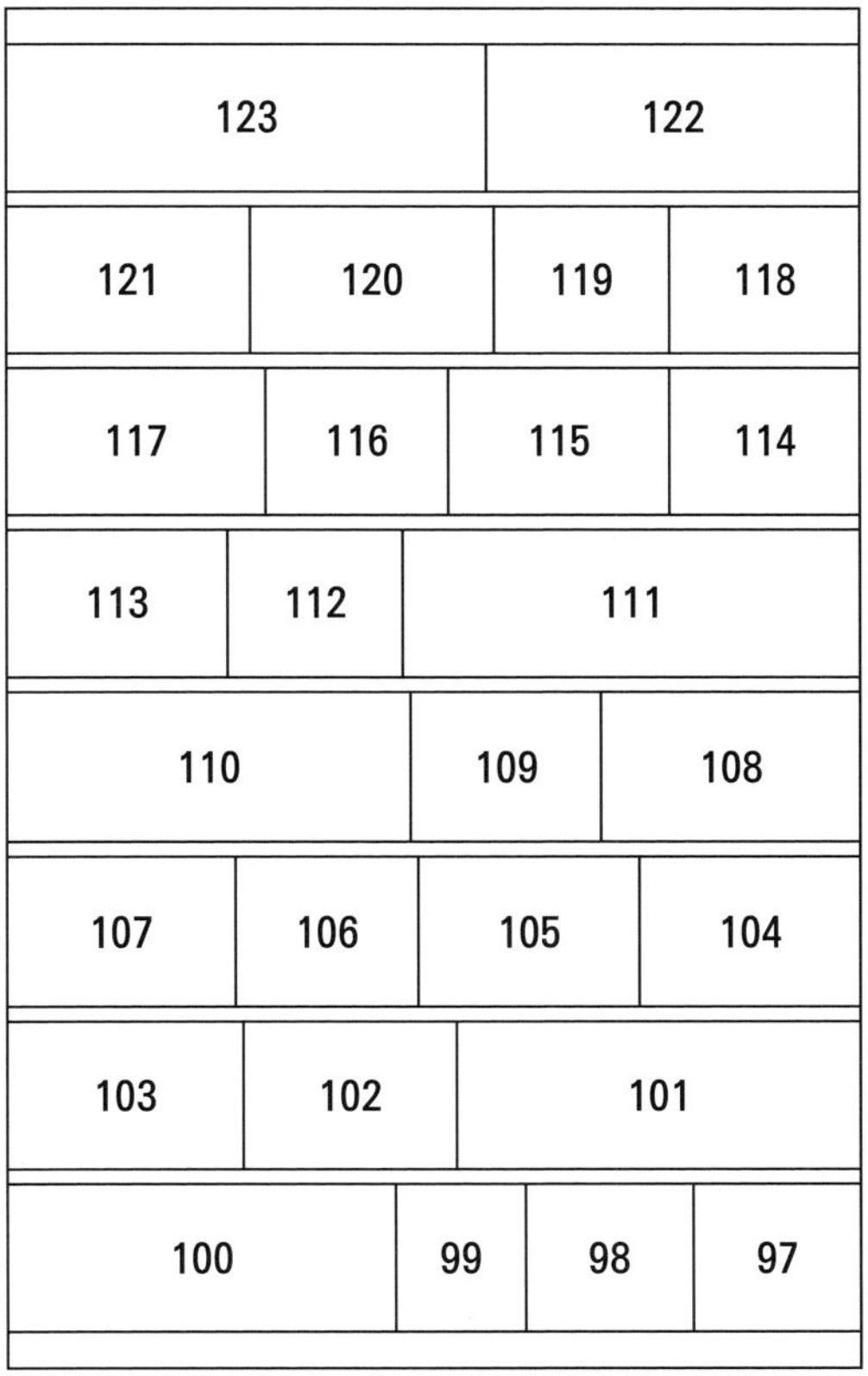

第四幅　二十七絵

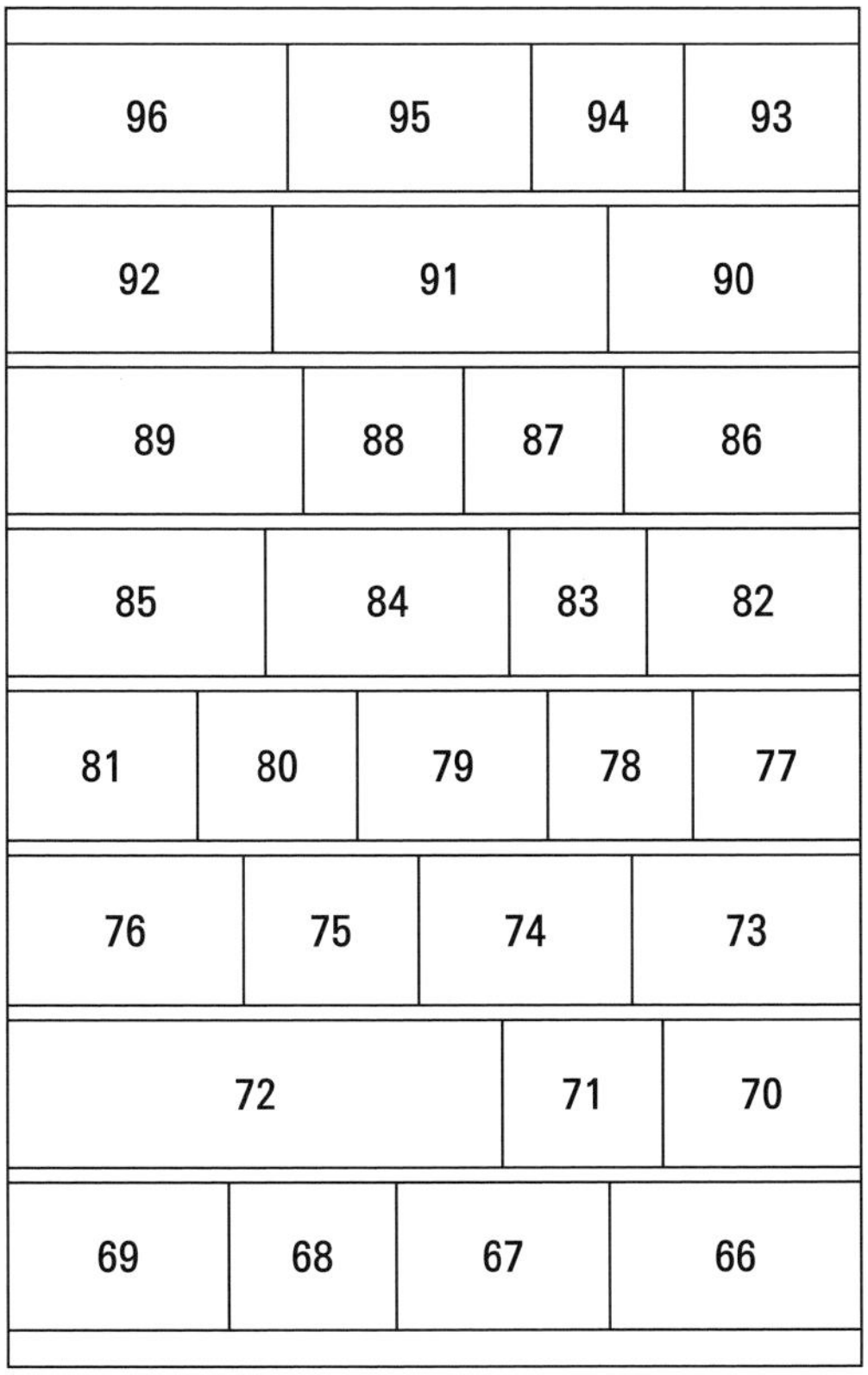

第三幅　三十一絵

絵詞項目

第一幅

第二幅

46 投擲三鈷
47 歸朝著岸
48 歸朝奏表
49 加水社木
50 遠救火災
51 嚴嶋出現
52 上表勅許
53 加持霊水
54 宇治川船
55 水神求福
56 久米講經
57 西哭救尼
58 釋迦出現
59 讃州劔山
60 善通寺額
61 御柴手水
62 八幡約諾
63 参詣御廟
64 清涼成佛
65 製作造給

■第三幅 P81〜P112

66 仁王經法
67 東大寺蜂
68 真如親王
69 觀法無碍
70 神道灌頂
71 合體霊像
72 高雄灌頂
73 川越之額
74 南圓堂鎮
75 勝地福田
76 高越留錫
77 大峯修行
78 小兒蘓生
79 龍泉涌出
80 了知牛語
81 日想觀法
82 江嶋辨天
83 禪僧与油
84 惠日草創
85 靈山結界
86 高野尋入
87 稲荷誓約
88 皇帝御祈
89 三鈷宝劔
90 秘鍵開題
91 權者自稱
92 應天門額
93 二荒日光
94 両部神道
95 東寺勅給
96 皇帝灌頂

■第四幅

P113〜P140

97 稲荷勧請
98 守敏加持
99 守敏封龍
100 神泉祈雨
※ 大師行状記
101 矢取地蔵
102 伊勢参籠
103 二門修法
104 對治疫鬼
105 恵果救療
106 皇嘉門額
107 親王御影
108 後七日法
109 門徒雅訓
110 入定留身
111 奥院送歛
112 嵯峨喪禮
113 贈位官符
114 慈覺霊夢
115 贈大師号
116 御廟拝見
117 住吉同躰
118 幡慶夢想
119 遺跡影向
120 博陸参詣
121 大塔修造
122 高野臨幸
123 奥院御廟

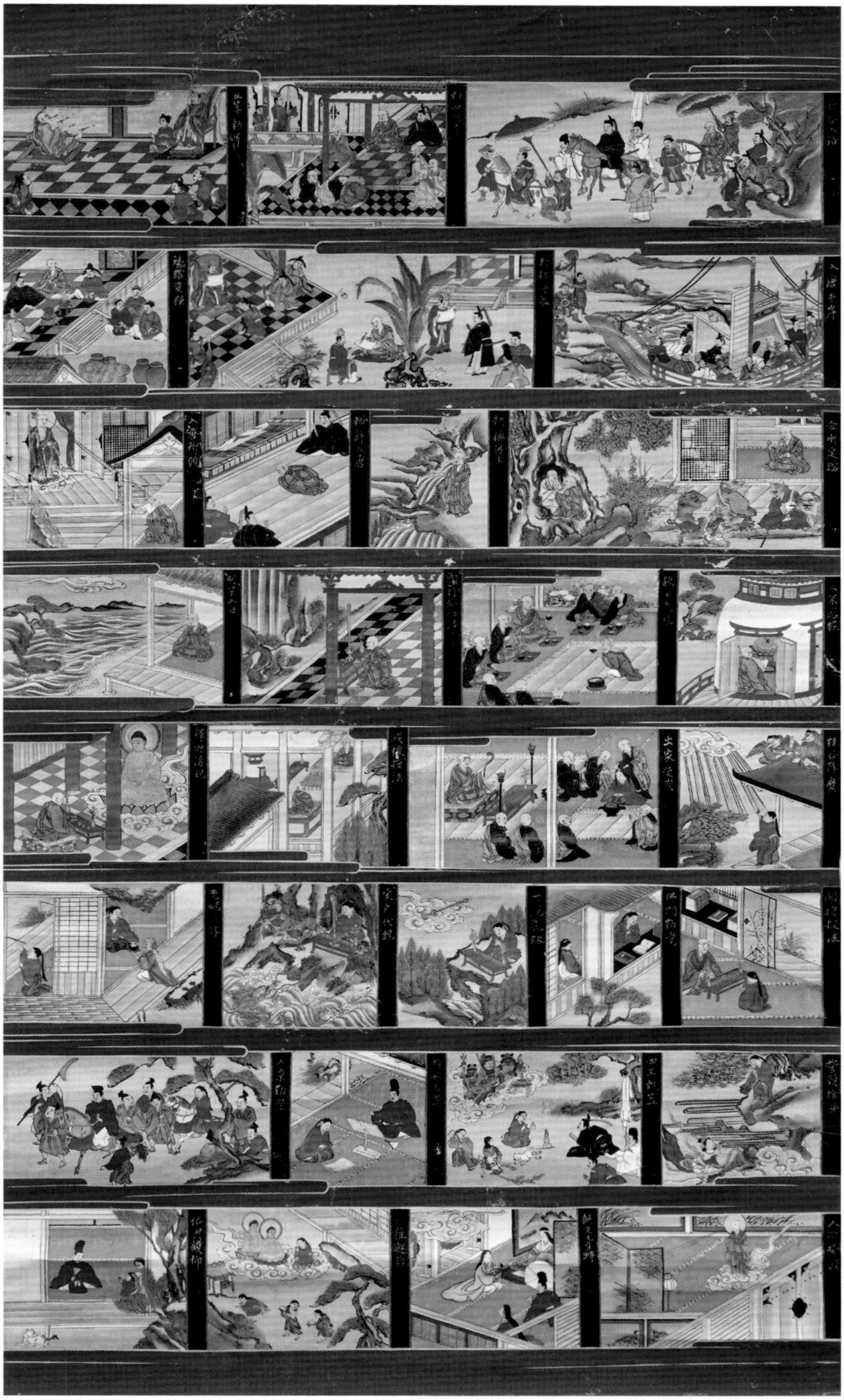

第一幅　三十一絵

入胎誓願 一

お大師さまは今から千二百五十年前の宝亀五年（七七四）六月十五日、楠の青葉も芳《かぐわ》しい讃岐の国（香川県）多度郡《たどのこおり》屛風ケ浦《びょうぶがうら》でお生まれになりました。

お父さまは郡司・佐伯善通《さえきのよしみち》、お母さまは阿刀氏《あとうじ》の人で玉依御前《たまよりごぜん》というお名前です。

ある日、玉依御前は、天竺より雲に乗った僧が飛来し、「汝の胎《はら》を借りもうす」と言った霊夢を見ました。

不思議な夢だったと思いながら日を送ると懐妊なさっていました。

誕生奇特　二

お大師さまの誕生日は、屋敷の大楠が新芽から若葉に変わる香《かぐわ》しい六月十五日でした。その日は真言宗第六祖不空三蔵さまの入滅の日として知られていました。

後の時代になると、お大師さまは不空三蔵法師さまの生まれ変りと言われるようになりました。

赤子の泣き声は「陀羅尼経《だらにきょう》」を唱えているように聞こえたといいます。幼名を眞魚《まお》と名づけられました。

幼稚遊戯　三

両親は誕生についての不思議な夢のことを、眞魚にも話しました。

「天竺の僧が飛んできて、私の懐に入る不思議な夢を見てそなたは誕生されたのです。仏さまのお弟子になる宿因を持っておられるのかもしれません」

これを聞いた眞魚は、心ひそかに喜びを感じました。そして泥土で仏像を造り、草木を集め、小さなお堂を造り、礼拝することを日々の遊びとしました。

両親は幼な子の遊ぶ姿に寵愛《ちょうあい》を増し、御名前を呼ばず、「貴物《とうともの》」とお呼びになられました。

俗典鑽仰　四

衣冠束帯《いかんそくたい》の礼服を着しておられるのはお大師さまの伯父で、
阿刀家のご養子になられたお方です。

その阿刀大足《あとのおおたり》さまがいらしてお大師さまの御父に、

「仏弟子になられるとの話もあるが、先ずは外典《げてん》（仏教以外の書物）より鑽仰《さんぎょう》（深く研究）することは如何《いかに》」

と進言されました。

眞魚《まお》六歳前後のことでした。

誓願捨身　五

七歳の時のある夜、ひそかに館を出て西北にある山に登り、「我は行末仏法を弘《ひろ》め、人々を導きたいと思えども、この願は成就するものであろうか。どうか諸仏諸菩薩、証《あかし》を示したまえ」と仏に念じると、一段高い岩の上から谷底へ身を投げられました。

その時雲間より天女が降《くだ》り来て、眞魚を抱いて元の岩場に連れ帰りました。

その峰は〝捨身ケ嶽《しゃしんがだけ》〟と名づけられ、現在その偉跡は四国八十八ヵ所霊場第七十三番、出釈迦寺の奥の院となり、お堂が建てられています。

四王執蓋　六

眞魚の幼い頃は、都が奈良から山城国長岡京（現在の京都府長岡京市）に移るという時代の転換期にさしかかっていました。朝廷は国々に勅使を下され、地方政治の実態を視察していました。

眞魚は館の近くで子供たちと一緒に泥で仏像を作り礼拝する遊びをしていました。その場に勅使の一行が通りかかりました。すると勅使が急に馬から下りて、子供たちに向かって礼拝し、「この児は権現の化身じゃ。四天王護法神が天蓋《てんがい》を捧げて護られておられる」と言いました。

人々はこの出来事を伝え聞き、眞魚を神童と呼ぶようになりました。

明敏篤學 七

幼いころより神童の誉れ高かった眞魚は、十二歳のときから伯父の阿刀大足卿《あとのおおたりきょう》の勧めにより文書を学ばれました。

「たとえ仏弟子になるにしても、先ず大学に入り、文書を習わし藝《げい》（学問）を修めるべき、如何に」

と阿刀大足卿は眞魚の父に進言したのです。

母方の伯父である大足卿は、桓武天皇皇子の伊予親王の侍読《じどく》として活躍した学者でした。

元より天性明敏な頭脳を持たれ、「一を聞いて十を知る」お大師さまの聡明さは、後に唐朝の人を驚かせますが、その基礎はこの時期に形成されていきました。

入京勤學　八

延暦三年（七八四）、桓武天皇は奈良の都を長岡京（山城の国）に遷都《せんと》されます。

お大師さまは十五歳の時、延暦七年（七八八）京に上《のぼ》られます。京と言うからには新しい都長岡京かと思われますが、そのとき向かったのは旧京の奈良でした。そこで阿刀大足卿に就いて三年間、儒教や詩文を学ばれました。

十八歳になると儒教専攻（明教科《みょうきょうか》）大学に入学されます。

この時代は、地方の各地に「国学」が置かれていましたが、大学は都に一つだけ。その大学には五位以上の子弟が十三歳になると入学できる仕組みでした。

聞持授法　九

大学に入られたお大師さまは勉学に励まれますが、すでに学んでいた学問であり授業は空虚に感じられました。また机を並べる学徒の貴族であるという特権意識にも反発し、強い憤りを覚えて大学を中退されました。

社会への矛盾と生きることに対する疑問を抱いたお大師さまは、その答えを求めて深い山に入り、実修実証の修行に身を投じたのでした。

その山の中で一人の修行者に出会います。この出会いはまさに修行の妙果《みょうか》（仏の悟り）に目覚める一大転機となりました。

お大師さまの著書『三教指帰《さんごうしいき》』には、

「爰《ここ》に一人の沙門あり。虚空蔵菩薩の真言を限られた時間のうちに百万遍誦《とな》えば一切の教法、文義を暗誦せられる」

と記されています。

お大師さまは大安寺の勤操《ごんそう》大徳によって虚空蔵求聞持《こくうぞうぐもんじ》の法を授かったのです。

佛門勤覺　十

大学においては四書五経《ししょごきょう》（四書＝論語・大学・中庸・孟子、五経＝易経・詩経・書経・礼記・春秋）、諸子百家の教えを学ばれましたが、それは世間の教えにほかならず、未来得脱（悟り）の法は示されていませんでした。

お大師さまは仏教の教えの深さを知り、儒教・道教・仏教それぞれの教えの特色と優劣を示した『三教指帰』を著しました。自身の名を「無空」と改め、生死の苦しみから解脱し涅槃に到る仏教の教えに一層深く心を寄せていくのでした。

大滝飛剱　十一

無空は一心に修行に邁進《まいしん》しました。

各地の深山幽谷に分け入り、一人坐を組み瞑想し、日を定めて求聞持法《ぐもんじほう》を修しました。

阿波の国、大瀧の峯に上って修念していた時のことでした。

五尺の宝剣が天より飛び来たりて、修念の壇上に立ち、光明を放ちました。

真済《しんぜい》大徳（八〇〇〜八六〇）作の大師伝には、「或は阿波大瀧の峯に上りて修し念ずれば、虚空蔵の大剣飛び来りて菩薩の霊應《れいおう》を標《あらわ》す」とあります。

室戸伏龍　十二

室戸岬は山と海が一つになった奇勝地です。お大師さま二十歳の時に詠まれた歌、

法性《ほっしょう》の室戸と聞けど我すめば
　有為《うい》の浪風たたぬ日ぞなき

―法性眞如の異界には煩悩戯論《けろん》の浪風は起こらぬものと聞くに、我れ念心を澄ましてその境界を観じながら、なお我が心界《しんかい》に煩悩・忘念の浪風、日々に起こりて絶えざるは、我が修行の到らざる為なるべし。さてもあさましいことかな―と自身を責めはげまされています。

激しい修行の中、暁《あかつき》の頃、明星飛び来てお大師さまの口に入ったといいます。また、お大師さまが真言を唱える声や唾が海岸の石や砂につき、星の如く光を放ち、四悪種《しあくしゅ》（地獄・餓鬼・畜生・修羅）の族《やから》は、怖れて逃げ去りました。

老嫗授鉢　十三

無空は遊行僧として播磨国を旅していました。

行き暮れて一軒の軒先に宿を借りようと近づくと、一人の老婆が戸口に立っていました。宿を乞うと、お入りくださいと心よく迎えてくれました。夕餉《ゆうげ》の供養も受けました。

老婆は鉄鉢に飯を盛り、奉《たてまつ》り、

「我はかって、行基菩薩の弟子で、出家する前は妻でした。行基菩薩の遺言に、今日この日に一人の菩薩が来て宿を求めるであろう……。よって感ずるところがあって、この鉢を供養するのです」と申します。

無空はこれを受けて、老婆のために「天地合」の三字を柱に書き付け残しました。後にこれを削り飲む者は諸病癒《い》えたと伝わっています。

桂谷降魔　十四

その後、無空は伊豆の国桂谷《かつらだに》という所に到りました。大変荒れた無住の山寺があったので、しばらく留まる事にしました。夜な夜な大天狗・小天狗の族《やから》が集まり来て、修行を妨《さまた》げます。無空は大空に向って、右の頭指《とうし》を伸べ、大般若経の魔事品《まじぼん》を書かれました。すると虚空の中に一々の文字が、点画《てんかく》崩れることなく顕われました。

天狗らはこれを見ると慌ただしく先を争い逃げ去りました。

お大師さまの御遺告《ごゆいごう》の中に、「伊豆の桂谷山寺に往きし時、大般若の魔事品を虚空の中に書写するに、六書八體《てい》、文々の点画筆に随うて字をなすことを見る」とあります。

出家受戒　十五

大和国の青垣《あおがき》と呼ばれる葛城《かつらぎ》連峰にいた役小角《えんのおづの》（六三四～七〇一）は、法華経一部八巻二十八品《ぼん》の経典を峰の一つ一つに納めました。経典の巻末を納めたのが槙尾山《まきおさん》でした。

古くは巻の尾の山と呼ばれていました。その山に寺が建立され施福寺と称し、奈良大安寺の僧勤操大徳《ごんそうだいとく》が住持していました。延暦十二年、お大師さま二十歳の時、勤操大徳に従って、この寺に於いて出家剃髪《ていはつ》し、お名前を教海と改めました。

この出家剃髪は、お大師さまが儒教中心の立身出世の学問から離れる決意の顕れでした。

受戒は身口意《しんくい》の三業《さんごう》を清浄するため、身の三戒（不殺生・不偸盗《ふちゅうとう》・不邪淫《ふじゃいん》）、口の四戒（不妄語《ふもうご》・不綺語《ふきご》・不悪口《ふあっく》・不両舌《ふりょうぜつ》）、心の三戒（不慳貪《ふけんどん》・不瞋恚《ふしんに》・不邪見《ふじゃけん》）の十善戒を守ることを仏と約束する作法です。

戒檀授法　十六

教海は出家して沙彌《しゃみ》の十戒、七十二の威儀（作法）を授かりました。次に具足戒を受けると、国家が認める僧侶の資格が定まります。

当時、具足戒を受けられる場所は三カ所で、奈良東大寺、下野《しもつけ》（栃木県）の薬師寺、筑紫《ちくし》（九州）の観世音寺の戒壇に限られていました。

教海は東大寺戒壇で三師七証の十人の修行僧の見守る中、具足戒を授法されました。

菩提心《ぼだいしん》を守り、菩薩利他《りた》の行業《ぎょうごう》に励む仏道の教えを正しく歩む誓願を立てました。

釋迦湧現　十七

教海は東大寺大仏殿に参籠され一心《いっしん》に誓願を祈念しました。

「我唯《われただ》願わくば三世十方《さんぜじっぽう》の諸仏、我に不二《ふに》を示し給へ」

すると仏が現れ、

「ここに経文あり。大毘盧遮那経《だいびるしゃなきょう》と名づく。是汝が求むる所なり。大和の国高市《たかいち》の郡《こおり》久米の道場の東塔のもとに在り」

と告げられました。

不二は、現象的に対立する二つ（善悪不二、生死不二、凡聖不二）のことが、根底では一体であるという仏教の土台となる教えです。

久米感經　十八

教海は直ぐ、大和国（現在の大阪府岸和田市）の久米寺に向かいました。

そして東塔の心柱の下に大日経七巻が納められているのを発見されました。それには一通の記文が添えられていました。

― 経は盧遮那仏《るしゃなぶつ》の全体なり。この経法を訳するに機を待ち時を待つ。必ずや弘法利生《こうぼうりしょう》の菩薩来たりて、この経会《きょうえ》（教え）を世に弘むべし ―

教海は一部始終を読まれましたが、文意を理解できず、これを解かんとするには入唐するほかにないと志を立てられました。

龍田老姥　十九

大和の国龍田川は法隆寺と河内を結ぶ幹線路の要の地です。別所という所に一人の老嫗《ろうおう》（老婆）が家を構えていました。ある日数人の僧を請して御粥《おかゆ》を供養しました。教海もその供養を受けられました。

老婆は自ら皆に粥を給仕しますが、座したまま杓子《しゃくし》に粥をすくうと、遠い人にも近い人にも投げかけます。お粥は受けようとする人の鉢に少しも違うことなく入りました。その妙手《みょうしゅ》に皆驚きました。

やがて老婆は教海の前に進み出て言いました。

「あなたは書の達人と承《うけたまわ》るも、失礼ながら未だ妙處《みょうしょ》には至らず。貴僧が字を書かれる時、字形《じぎょう》に随って書かれるのでは凡境《ぼんきょう》（凡夫の境地）を脱せず。あえて字形に執着せず、自在に筆を揮《ふる》って、一點《てん》に千理を含み、一画に萬象《ばんしょう》を尽す、熟練《じゅくれん》の功に依るべし」

教海深く感歎なされたと伝えられます。

聞持修行　二十

阿州（徳島県）大龍寺で求聞持法《ぐもんじほう》の修行をされている時の御姿です。

出家前に修行されたのか、あるいは大安寺僧勤操《ごんそう》大徳から求聞持法を授してからなのか、議論されてきました。

御遺告《ごゆいごう》の文意によれば「出家前」ということですが、この絵ではお大師さまは法衣《ほうえ》を着されていますので、出家後という見方もでき、議論を呼ぶところです。

次の「明星入吐《にゅうど》」も同様です。

明星入吐　二十一

土州（高知県）室戸の岬で求聞持法修行の時、明星が飛び来たりてお大師さまの口に入りました。

海中に向って吐《は》き出されると、その光は海に沈み、夜になると、いつもキラキラと光を放っていたといいます。

真済《しんぜい》大徳作の大師伝には、「明星天子は虚空蔵菩薩の化身」と記されています。

金剛定銘　二十二

土佐の国（高知県）の室戸岬に建っている最御崎寺《ほつみさきじ》は、別名「東寺《ひがしでら》」と呼ばれています。

ここから約一里先に西寺《にしでら》と呼ばれる金剛定（頂）寺が、同じように海に突出した岬に建っています。

この寺には大木の楠があり、天狗の集まる場所として人々から恐れられていました。

お大師さまはこの景勝地に寺を建て修行の道場にしたいと深く考えられました。そして一夜の宿を取りました。

その夜、天狗どもが数多く集まり来て「我等が昔から住んでいる所なり」と、羽をバタバタ鳴らし嘴《くちばし》であちこち突っつきまわり威嚇《いかく》をくり返しました。

お大師さまは真言を唱え、楠の祠《ほこら》に自らの御影を造り、「我れ此所にあり、近寄るべからず」と、寺を建て金剛定寺と名づけられました。

朽橋再生　二十三

土佐の国に掛橋がありました。下は深い谷川です。

橋は古くなって朽ち損じていましたので、人々は遠まわりを強いられ不自由をしていました。

そこにお大師さまが通りかかり、「汝、折れ損じる事なかれ」と唱え、添え木をされました。すると橋は堅固となり、人々は往来ができるようになりました。

お大師さまの唱えた真言は、鬼神を呼び寄せる言葉だったのかと、人々は語りついでいます。

勅許入唐　二十四

東大寺は華厳宗の拠点となっていたお寺でした。

お大師さまは経蔵に入り、経・律・論を解説した書（儀軌《ぎき》）の類に至るまで調べました。

それから十年近くの月日が経った延暦二十三年、お大師さまは三十一歳になられました。

遣唐使派遣の知らせを聞き、大安寺の僧正勤操大徳に相談しました。勤操大徳は三論宗（中論、十二門論、百論）を代表する大学者として朝廷にも重んじられる方でした。

お大師さまは、入唐留学の上表を認《したた》められ、時の遣唐大使藤原葛野麻呂《ふじわらのかどのまろ》に提出。入唐留学の勅許を蒙《こうむ》ることとなりました。

入唐祈願　二十五

当時の船は帆船《ほぶね》です。風に任せての運航でした。四艘出航したうち一艘でも着岸すれば良いというくらい危険な旅でした。

お大師さまをはじめ船頭に至る人々が、神仏の加護を求め海上安全を祈りました。

大輪田泊《おおわだのとまり》（現在の神戸港）の近くに太龍寺というお不動様を祀った寺があります。お大師さまは出発に際し、参籠《さんろう》して航海の安全を祈りました。無事に帰国されると、再び山で感謝の護摩を修したことから寺の名前が再度山《ふたたびさん》太龍寺となりました。

九州宇佐八幡宮に御祈誓の折は、八幡大菩薩が御手に錫杖を持ち頭に日輪を戴く御姿で現れ、「我れ汝に随い海を渡り常に汝を守護したまわん」とお告げになりました。

入唐着岸　二十六

遣唐使の船は四艘でした。第一船には遣唐大使藤原葛野麻呂、橘逸勢《たちばなのはやなり》、第二船には判官菅原清公《すがわらのきよきみ》、伝教大師（最澄）、第三船と四船には録事朝野鹿取《あさののかとり》ほか、四船の総勢は五百人だったと伝えられています。

お大師さまは五月十二日京を出発。六月の初め難波津にて第一船に乗られて筑紫で下り、七月六日、肥前の国（佐賀県）松の郡田ノ浦で集結し四艘同時に出帆しました。

初めは穏やかな海でしたが、翌日の夜、嵐に遭遇し、第三、四船は行方不明。第二船は明州（現在の中国浙江省寧波市一帯）に漂着しました。お大師さまが乗られた船の帆は破れ舵は折れ、漂うこと二カ月。八月十日にようやく福州長渓県赤岸鎮《せきがんちん》（現在の福建省霞浦県福寧湾にある赤岸村）に着岸したのでした。

お大師さまの言葉に「波上に掣々《せいせい》たること二月余、水盡《つ》き、人疲れ海長く陸遠し。虚《そら》飛ぶ翼ぬけ、水に泳ぐ鰭《ひれ》そがれたらん。何ぞ喩《たと》えとするに足らんや。僅《わず》かに八月の初日に乍《たちまち》に雲峯《うんぽう》を見て欣悦《きんえつ》極まりなし……」とあり、いかに厳しい航海であったかを伺い知ることができます。

封検舟舩　二十七

福州の司《つかさ》は、漂着したのは悪徳商人の類ではないかとの疑いを抱き上陸を拒否しました。事情を再三説明しても返事はなく、途方にくれた藤原葛野麻呂大使はお大師さまに、自分に代わって嘆願書を書いてほしいと依頼されました。

お大師さまは大使に代わり嘆願書を作り、州の観察使に差し出されました。

それを見た司はその格調の高い文面に驚き、官名を搾謀《さくぼう》する商人の企《くわだ》てなどに及ぶべき人物にあらずと態度を一変。

長安に急使を発し、また州府の人夫《にんぷ》に薪《まき》や水、食糧などを支給させ、「長安より御沙汰《ごさた》あるまで、しばし待たれよ」と丁寧に応じました。

旅館資糧　二十八

数日後、長安から御沙汰があり、大使をはじめ二十三人全員の入京が許されました。

十一月三日福州を出発。函谷関《かんこくかん》（中国河南省北西部にある交通の要所）という険しい山道を越えて長安へ向いました。

小学校唱歌『箱根八里』に、

「箱根の山は天下の険、函谷関もものならず」と歌われていますが、おそらく箱根の山に並ぶほど険しい道だったのでしょう。

長安の手前の旅館（駅）で休息している時、長安からの勅使が参り、酒肴《しゅこう》を賜り盛大な宴席を開いて、遠来の労を慰められました。

お大師さまの御遺告に「五十八ケ日を経て勅使等を給ふ彼の儀式極りなし。主客各々《おのおの》涙を流す」とあり、その喜びの大きさを知ることができます。

長安入洛　二十九

十一月三日、お大師さまの一行はいよいよ長安の都へ出発しました。朝廷より出迎えの勅使趙忠《ちょうちゅう》という人が多数の良馬を率《ひき》つれて、第一船の一行を迎えました。

藤原葛野麻呂大使の復命書《ふくめい》に、

「十二月廿三日、内使趙忠《ちょうちゅう》が飛龍家《ひりゅうけ》の細馬《さいば》廿三匹をひきつれて迎へ来りぬ。駕《が》して京城に入る」とあり、お大師さまの書かれた御遺告《ごゆいごう》にも、入京の行列は非常に壮観で、見物の人々が遠近より集まって来て沿道に群集したと記されています。

一方、九月一日に明州寧波《ねいは》に漂着した伝教大師と弟子の義貞は天台山に向かい天台学を学びました。その翌年延暦二十四年五月十八日、遣唐大使藤原葛野麻呂の一行の船に乗り、六月五日対馬に着き、無事京の都に帰還しました。

勅西明寺　三十

お大師さまは大使が帰国するまでの間、大使の公務を助けられました。延暦二十四年仲春十一日、大使達は日本に帰ります。お大師さまは抜擢《ばってき》され、天子の言葉に従って一人西明寺の故院に留まられました。

西明寺には以前、日本の留学僧永忠《えいちゅう》和尚が三十年間留まり勉学した所縁の寺でした。お大師さまはその寺に住し、長安の寺々を巡り、大日経典の疑問箇所を尋ね歩くと、

「青龍寺《しょうりゅうじ》の恵果和尚《けいかおしょう》が密教の高僧不空三蔵のお弟子であるから、この人以外に知る手段はないでしょう」

と言われました。

そこでお大師さまは西明寺で一緒に過ごす五人の僧と共に青龍寺に詣で恵果和尚に拝謁を願うのでした。

五筆勅号　三十一

唐の宮中に有名な書家王羲之《おうぎし》（三〇七〜三六五）の書いた壁面がありました。そのうちの破損していた二間の壁が、修理されて新しくなっていました。

この真っ新な壁に書を書くことになりましたが、王羲之の書と並ぶことになるので、多くの書家は恐れをなして辞退していました。唐帝はお大師さまが素晴らしい書を書くと聞き及《およ》んで「日本の和尚に書かせよ」と勅を下しました。

お大師さまは内裏《だいり》に参上し、五處（口・両手・両足）に筆を執《と》って五行同時に書き上げられたと伝えられています。残りの一間は墨を盥《たらい》に入れ、壁に灌《そそ》ぎました。それは自然と壁面一杯に広がった「樹」の字になりました。

帝はお大師さまに五筆和尚の号をお与えになりました。

第二幅　三十四絵

流水書写　三十二

お大師さまが唐にいらっしゃる間には、数々の不思議な話があります。

異様な姿の童子が「和尚は日本の五筆聖人ですか」と尋ねたので、「私だが」とお答えになると、「ならば、この川の流れに字を書いてください」と言いました。

お大師さまが水面に詩文をしたためると、文點《もんてん》乱れず流れに従って下りゆきます。

童子は、「私も試しに書いてみよう」と言い、水面に龍という文字を書きました。文字は水面に浮かんで流れません。童子は、「点を打つのを忘れてしまった」と言い、点をつけ加えると真の龍となり天に昇りました。

童子は「我は五大山の文殊なり」と告げ、雲に乗って飛び去りました。

渡天見佛　三十三

お大師さまが唐においでの時、天竺霊鷲山《りょうじゅせん》に登られ、お釈迦様を拝されたことがあります。

お大師さまは、法華経壽量品《じゅりょうぼん》にある常在霊鷲山《じょうざいりょうじゅせん》の文語に強く心惹かれ、彼の山に登り釈尊を拝したいと深く念じられました。

忽《たちま》ち一人の神童が現れ「霊山に参り給へ」と勧めます。

お大師さまは「霊山は遠路、険難の峯多く、思いは易《やす》けれど、至らんこと難《かた》し」と答えると、神童は「何の難き事あらん」と言い、白馬を引きお大師さまを乗せ、飛ぶ如く流沙《りゅうさ》を渡り霊山の麓に着きました。

生佛不二　三十四

霊山の麓に一人の老翁《ろうおう》が現れ、お大師さまに向って「生佛不二の観を作《な》すべし」と申します。

すると空中に銕鉢《てっぱつ》が現れて光を放ち道を示しました。その光に導かれてお大師さまは山の頂に登られました。

山頂は霊山会場《りょうぜんかいじょう》、釈尊が中央に座し、左方に虚空蔵菩薩、右方に観音菩薩、八萬の大士、萬の聲聞衆《しょうもんしゅう》（仏の説法を聞く弟子）らが、威儀を正して列《つら》なって居ました。

※「見佛聞法」の絵を参照。

見佛聞法　三十五

釈尊はお大師さまに向ってこう述べられました。

「私が以前、般若心経を説きました時、あなたは私を見て教え（教義）を聴いていましたね。今またお会いしました。

私が説いた内證智《ないしょうち》（仏が内心に悟った真言の智慧）は秘密の法門として志那国（中国）にあり、早くこれを受けて東国に伝え弘法利生《こうぼうりしょう》をはかるべきです」

お大師さまはこの教勅を受け、急ぎ長安の西明寺に帰着なされたのです。定中（瞑想の境地の中）に渡天なさられたのでしょう。

お大師さまが説かれた「般若心経秘鍵《ひけん》」の文中に釈尊の御前で講義を受けた事が記されています。

恵果拝見　三十六

恵果和尚は不空三蔵の弟子で、国師として唐三朝（代宗《だいそう》、徳宗《とくそう》、順宗《じゅんそう》）に灌頂をされた密教の高僧でした。

西明寺で修行していたお大師さまをはじめ八人の僧は青龍寺に詣で、拝謁を願い出ました。

和尚はお大師さまを見るや否や、笑みを浮かべて告げました。

「我さきより汝が来ることを知り、待つこと久し。どうして遅かったのか。今、会うこと喜ばしいことこの上もない。私の命も果《はて》ようとしている。汝、早速に香、華を供えて身を清め灌頂壇に入り、受戒・法を授けよう」

初めて和尚に会い、斯《か》くの如《ごと》くなるお心を知りお大師さまの喜びは如何《いか》ばかりであったでしょう。

青龍灌頂　三十七

お大師さまは急ぎ西明寺に帰り供具《くぐ》（供え物と道具類）を整え準備をされました。

そして六月上旬に胎蔵界の、七月上旬には金剛界の受明灌頂を受け、そして八月には、傳法阿闍梨《でんぼうあじゃり》灌頂を受けられました。受明灌頂を受けた者は弟子となり秘密真言の法を授かることが許されます。また、傳法灌頂を受けた者は、人のために師となり秘密真言の法門を他に授けることができます。

今、お大師さまは自性法界宮に於いて法身大日如来、金剛薩埵《こんごうさった》、龍猛《りゅうみょう》、龍智、金剛智、不空、恵果和尚と相承《そうじょう》された法を受け継ぎ、真言八祖の大阿闍梨になられました。

灌頂入壇の時、曼荼羅に花を投げ入れます。お大師さまが六月七日の両度入壇の時投げ入れた花は中台大日尊の上に落ちたことから、「阿闍梨は不可思議なり」と恵果和尚は述べ、遍照金剛の御名を授けられました。

珍賀怨念　三十八

恵果和尚には多くの弟子がおられました。その中の一人に玉堂寺の珍賀《ちんが》という人がいました。

恵果和尚に十年、二十年と親しく仕え学んできた弟子たちを差し置いて、異国より来てまだ日の浅い者に密教の法門を授けることは納得できかねると、珍賀は再三、お大師さまの授法を妨げようと試みました。

しかしある夜、珍賀は四天王に降伏《ごうぶく》される夢を見たことに怖れをなし、翌朝、お大師さまに具《つぶさ》にその罪を懺悔《ざんげ》して許しを乞いました。

守敏護法　三十九

南都（奈良の平城京）の山階寺《やましなでら》に守敏僧都《しゅびんそうず》という行力《ぎょうりき》にすぐれた僧がいました。常に護法《ごほう》という鬼神を使役して不思議な力を発揮してきました。

守敏は嫉妬の心深くお大師さまの名望を嫉《そね》んで、その様子を探っていました。

お大師さまが胎蔵大法を授かる時、護法は盗み聞きして守敏に語りました。

そして、いよいよ金剛界の法を授かる時、護法は再び盗法をしようと道場近くに身をひそめ機を待ちます。

護法結界　四十

お大師さまはこれを知り、金剛界の大法を受ける時、

「誰某《だれぞ》おるぞ。法を盗む者あり」

と仰《おお》せられ、道場は結界されました。

お堂は火炎にかこまれ、鬼神の護法は近づくことができなかったと伝えられています。

道具相傳　四十一

恵果和尚は真言秘密の教えは経典だけでは伝えられない、図像（図絵）が必要であり、修法《しゅほう》祈祷では密教法具も必要となる、とお大師さまに伝えました。

恵果和尚は宮中の職人を選び、胎蔵・金剛界の大曼荼羅十幅を描かせました。

そのほか師資相承《ししそうじょう》の本尊道具類等、悉《ことごと》くお大師さまに付嘱《ふぞく》・付与されました。そして和尚は告げられました。

「この両部の大曼荼羅一百余部の金剛乗《こんごうじょう》の法、及び三蔵轉付《てんぷ》の品、並びに供養の具等、請う本郷に帰りて海内《かいだい》天下に流轉《るてん》せよ」

これらの法文・法具は千有余年の今日に至るまで京都・東寺に相伝護持されています。

恵果入滅　四十二

真言の大法を授け終ると、恵果和尚は自身の入滅の近いことをお大師さまに告げられ、一刻も早く帰国するよう促しました。「受けた密教を国家に奉《たてまつ》り、天下に広め人々の幸福を増進せよ。さすれば世界は安穏《あんのん》となり、人々は安楽な日を送れる。このことが仏恩に応え、師恩に報ずることになる。国の為には忠、家に於いては孝なりと、つとめよや、つとめよや」と言われました。唐の元号・永貞《えいてい》元年（八〇五）十二月十五日、恵果和尚入滅六十歳、臈《ろう》（僧侶）になられてから四十年でした。

お大師さまにおいては、恵果和尚にお会いしてから入滅の日までわずか八カ月の短い時間でした。

恵果影現　四十三

恵果和尚が入滅（涅槃《ねはん》）された夜の事。お大師さまは悲嘆に暮れお堂に入り、持念していました。

するとと和尚平生の姿がありありと現れお大師さまに告げました。

「吾と汝とは宿縁《しゅくえん》の深きこと、汝は未《いま》だに知らずや。何度も生まれ変わっては密教を広めることを誓い、代る代る師となり弟子となった。私は深い密教の法を授けた。次は私が東国(日本)に生まれ、あなたの弟子となろう。久しく留まることなかれ。吾は先に行く」

お大師さまは生々世々《しょうじょうせぜ》師資の契り浅からぬことを知り感涙に咽《むせ》びました。

そしてお大師さまはこの思いを和尚の墓碑に記しました。著書『性霊集《しょうりょうしゅう》』にその全文が記されています。

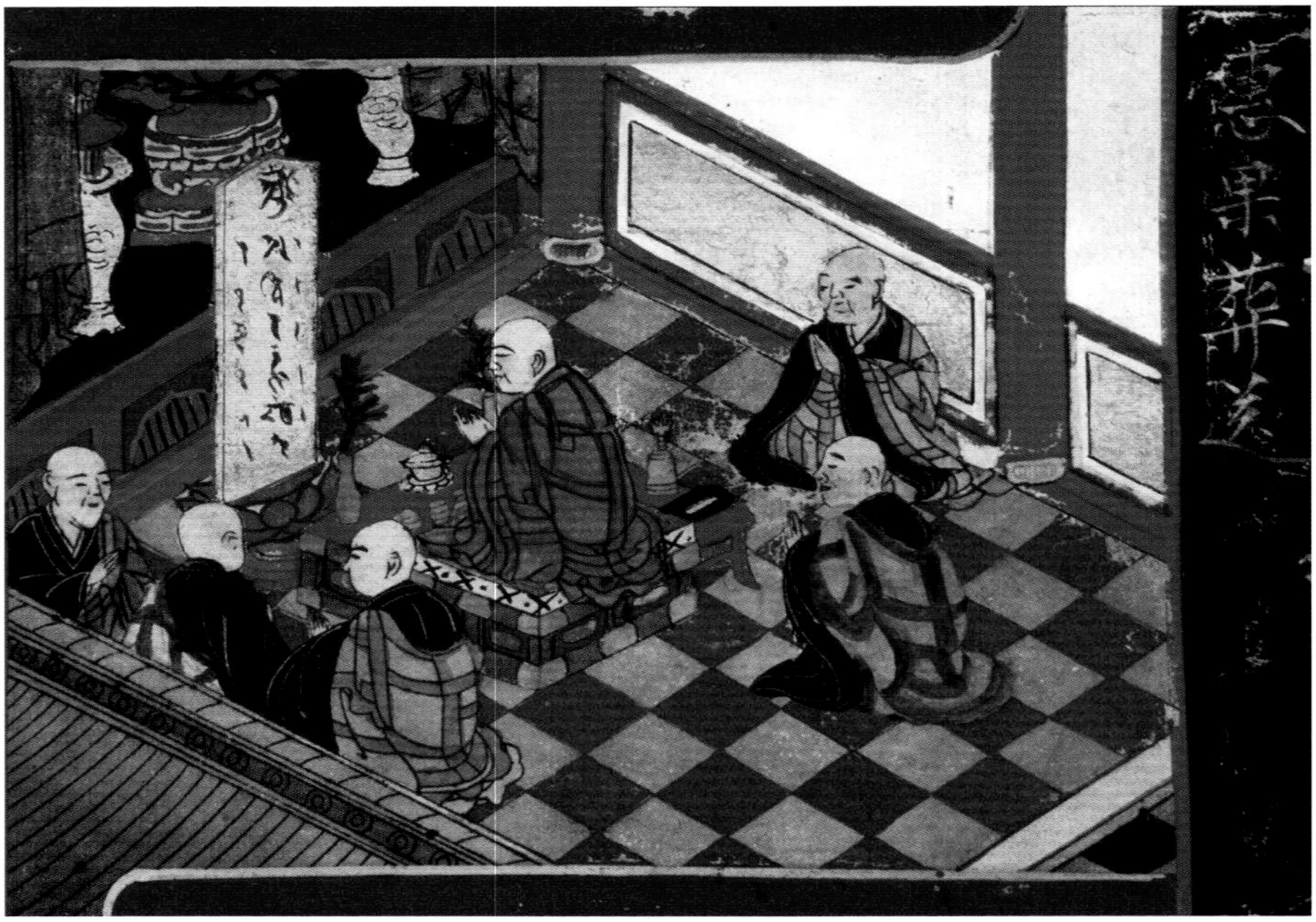

恵果葬送　四十四

翌年正月十六日、多くの門人が集まり葬送儀式を営みました。お大師さまは選ばれてお墓の碑文を作り、自ら書き記しました。

「日本国学法弟子　空海選文並《ならび》書」

本文一千五百六十四字、題號《だいごう》三十八字の恩師追悼の大碑文でした。

異国の僧であり、恵果和尚の最後の弟子であるにもかかわらずお大師さまが選ばれたのは、卓越した才能を有し、文章、筆跡、抜きん出る名筆家であり、人格高潔者であったからです。

帝給念珠　四十五

お大師さまは在唐中、多くの人と縁故を結んでいます。インド僧・般若三蔵や牟尼室利三蔵《むにしりさんぞう》です。そして彼等が翻訳した経典、新華厳《しんけごん》、六波羅密経《ろくはらみつきょう》、梵唄《ぼんばい》に至るまでを受けていることは、その親密さの表われでした。

お大師さまが帰朝を決意したその折、日本国より高階遠成《たかしなのとおなり》遣唐大使が入唐しました。

お大師さまは大使とともに唐朝順宗皇帝（憲宗との説もある）に奏聞《そうもん》し、勅許を得て参内し、暇乞《いとまご》いをされました。

唐帝は別れを惜しまれ、菩提樹《ぼだいじゅ》の念珠を贈られました。

「仁《なんじ》これを以《もっ》て朕《ちん》がかたみとし、永く忘るることなかれ。一期の後必ず仏会に逢わんのみ」

と仰せられたと伝えられています。

投擲三鈷　四十六

大同元年（八〇六）八月明州の津より帰朝する時、お大師さまは磯辺に立ち、
「私の伝える真言法門を流布する密教に相応《ふさわ》しい地を探しておいてほしい」
と言って、三鈷を空中に投げられました。三鈷は雲に乗り、東へと飛び去っていきました。

後にお大師さまが伽藍建立にふさわしい地を求めて高野山まで登られた時、松の枝にこの三鈷がかかっていました。

その松は「三鈷の松」と名づけられ、通常二本の葉が三本あることから、たいへん縁起のよいものとされています。

歸朝著岸　四十七

平城天皇の御世《みよ》、大同元年十月、高階遠成の遣唐船は風雨や荒波にもまれて転覆の危難と闘い、二カ月ほど後に九州博多に着岸しました。

この時お大師さまが諸天善神に祈念されたことが、『高野雑筆集』という書に記されています。

高野山金剛峯寺は、この時の御誓願に酬《むく》いるために建立されたと記されています。

歸朝奏表　四十八

帰国したお大師さまは、唐より請い受けた仏像、経巻、密教法具等の数々を記した「上表文・新請来の経・道具等の目録」を高階遠成に託して朝廷に進上されました。

大同元年十月二十二日付

新訳経　百四十二部二百四十七巻

梵字真言讃等　四十二部四十四巻

論疏章等《ろんしょしょう》　三十二部一百七十巻

その他、佛菩薩像・大曼荼羅・法曼荼羅・三昧耶曼荼羅

伝法阿闍梨尊影・法具九種・付属物十三種　等

総計　二百十六部四百六十一巻

お大師さまは、十月着岸から翌年六月頃までの間、大宰府観世音寺に滞在されました。

加水社木　四十九

お大師さまは大宰府滞在中に、入唐・帰朝の折に海上安全を祈念した神々に、お礼の御参りをして巡られました。

賀春《かすい》明神へ報賽の時、お大師さまは、

「萬里の波濤《はとう》を渡り無事帰朝するは明神の加護の力なり。悦び心肝《しんかん》に銘ず。今神前の山を見るに巌石高く、草木なし。この山に樹木を生ぜしめ奉じらん」

と香水を加持し、これを山に灌《そそ》がれました。

この後、山には草木が繁り、美しい緑の山となりました。

遠救火災　五十

お大師さま御帰朝の後、唐の勅使がお大師さまの住房を訪ねて来た時のことでした。

対談の最中、お大師さまは急に座を立ち縁側に出られ、西に向って三度灑水《しゃすい》をなさられました。

勅使がその理由を問いますと、

「今、唐の青龍寺に失火あり。その火を防ぐためです」

と答えられました。

後に唐より来た書簡《しょかん》に「青龍寺の経蔵失火の折、東の方より雨が来て、これを消した」とありました。

嚴嶋出現　五十一

お大師さまが厳島の神前にて持念された時、明神が琵琶を弾きながら海上に出現されました。

明神は「現世と来世の事について望む事がありますか。あれば叶えましょう」とお大師さまに申されました。

お大師さまは「今世は夢の如し、唯《ただ》道心を与え給え」とお答えになり、明神は尊き事と申され帰られました。

厳島の明神は天女のお姿をして琵琶を弾《かな》でられています。

絵の手前には海上に建つ大鳥居、奥の方には明神さまの大聖院（厳島神社を統括する別当《べっとう》寺院）が描かれています。

厳島は神と仏が共鳴し合う美しい神仏の霊場です。

上表勅許　五十二

大同二年（八〇七）、いよいよお大師さまに入京すべしとの勅命が下りました。

お大師さまは先に御請来の目録を天皇に上奏されていました。この度は其の品々を献上されました。

天皇の叡覧《えいらん》が終り、「これを天下に広宣《こうせん》すべき」とお大師さまは勅許《ちょっきょ》を賜りました。

この勅許を以《もっ》て真言宗は開創《かいそう》の初めとしました。

加持霊水　五十三

京都の東南の地、醍醐寺の近くに小栗栖《おぐりす》というところがありました。

お大師さまはこの地に十一面観世音菩薩の像を造られ安置されました。

寺の近くには水が無く、人々が不自由していました。そこでお大師さまが三鈷を以って巌石を加持したところ、霊水が湧き出たと伝えられています。

宇治川船　五十四

お大師さまが宇治川を渡ろうとした時、船頭が船賃を求めました。

「今、随身の者なく、無賃にて渡せよ」とお大師さまがおっしゃると、船頭は素直に従いました。古くは、僧は金銭を持たず随行者が世話をしていました。

この船頭の行ないにお大師さまは大層悦《よろこ》ばれ、船の端に「船」と書き付けました。

「若しこの字を乞う人あれば代金を得て削り取らせよ。奇特あるべし。削りて飲めば病皆治る」

と言われました。

削り続けても字は又元の如くになり、船頭は金銭を貯え裕福に暮らしました。

水神求福　五十五

お大師さまが水辺を歩かれている時、水が逆立ち一人の女人が現われて、「私に福をお与えください」と懇請《こんせい》されました。その時お大師さまは自らの沓《くつ》をぬぎ与えられました。この話は古くから語られているのですが、残念ながら、何を意味しているのか不明です。

久米講經　五十六

養老年（七一七～七二四）に善無畏三蔵《ぜんむいさんぞう》（六三七～七三五）が唐より来日し、久米寺に二年間住しました。

仏塔を建て、塔の心柱の下に大日経を納め帰国されました。

霊夢でこの大日経があることを知ったお大師さまは、久米寺を訪ねられました。そして唐での恩に酬《むく》いるため、大日経の講演をされました。

お大師さまが帰朝されて最初の講演で、日本に於ける初めての密教講演でした。

日本国中の神々、多くの僧侶が法莚《ほうえん》に参じました。

西哭救尼　五十七

伊勢神宮の故郷《ふるさと》といわれる天の橋立に籠宮《このみや》（神社）があります。籠宮三十一代の祝《はふり》、海部雄豊《あまべおとよ》には、歌を詠み、書をたしなむ厳子姫という気品ある美しい娘がいました。

淳和天皇は京都六角堂頂法寺で厳子姫に出会い、第四王姫として宮中に迎えました。そして厳子姫の郷里にちなみ、真名井《まない》御前とお呼びになり寵愛《ちょうあい》されますが、周囲の者の嫉妬《しっと》にあいます。

真名井御前は世の心ないことに虚《むな》しさを感じ、宮中を去り西宮の甲山に庵室を設け、真言を唱える日々を送りました。

お大師さまは、真名井御前の清らかな心に感じ入り、御前の姿を写した如意輪観音《にょいりんかんのん》を彫りあげました。真名井御前はその間、真言を唱え続け、その数、三千遍に至ったといわれています。

西宮・神呪寺《かんのうじ》はその仏さまをお祀《まつ》りするお寺です。

釋迦出現　五十八

お大師さま誕生の地、屛風ケ浦は、屛風のように山がまっすぐに切り立っていることからその名がつきました。

お大師さまが住して修行の折、千切《ちぎ》れ雲の中に釈迦如来が出現し、お大師さまは歓喜し礼拝されました。そしてそのお姿を描かれ遺《のこ》されたことから、この山は我拝師山《がはいしさん》と呼ばれました。また湧出嶽《ゆうしゅつだけ》とも言います。

今の札所第七十二番・曼荼羅寺と第七十三番・出釈迦寺はこのお話の遺跡《ゆいせき》です。

「御年七つのその時に、衆生のために身を捨てて、五つの獄に立つ雲の、立てる誓いぞたのもしき事なり」と大師和讃にも歌われています。

讃州剱山　五十九

我拝師山の近くにもうひとつの峯があります。その峯の頂《いただき》は三つに分かれ雲に聳《そび》える霊山です。

お大師さまがこの山で修行の折、五つの剣が空から降り、金剛蔵王権現《こんごうざおうごんげん》が現われ、お大師さまと話をされました。

お大師さまは五つの剣を巌穴《がんけつ》に納めると、中央の峯には蔵王権現の祠《ほこら》を設け、自ら千手観音菩薩像を彫り、寺を建立されました。

これが今の第七十一番札所剣五山弥谷寺《けんござんいやだにじ》です。

善通寺額　六十

お大師さまが誕生されたお屋敷は、両親の菩提を供養するお寺となりました。お父さまのお名前をいただいてお寺の名にしました。それが善通寺です。大伽藍で大門の額はお大師さまの筆です。

その昔、安倍晴明が鬼神を供に夜道を急ぎ通りました。善通寺の門前に差し掛かると、道を照らしていた炬火《かがりび》が消えてしまいました。

晴明が鬼神共を叱責し、なぜ火を消したかと尋ねると、「この寺の額『五岳山』は四天王が守護し畏れ多いと消しました」と答えました。

お大師さまの御筆跡にかかわる不思議な出来事です。

御柴手水　六十一

お大師さまは、京都に住すべきと宣旨《せんじ》が下されるまでの二年間、泉州槙尾山に住されていました。

このお寺は水が乏しく、手を洗う水さえ見当たらず、しかたなく桧の葉を取って手をすり浄めました。

椿の木の上にこの桧の葉を投げかけながら、「我が願いも成就すべきは、この葉椿に着すべき」と願を掛けると、その後、椿の葉と桧の葉、相交わりて一本の木となりました。

この木は「柴手水《しばちょうず》」と名づけられ、古木となり今日に伝えられています。

八幡約諾　六十二

高雄の神護寺は、和気清麻呂《わけのきよまろ》が宇佐八幡宮に詣でた時、八幡大菩薩の神勅を受け神護景雲年間（七六七～七七〇）に建立された寺です。

お大師さまが泉州槙尾山より京に移られた時、清麻呂の子眞綱《まつな》の懇請を受け、皇朝《こうちょう》の福祚《ふくそ》（幸福）を祈る密教の道場と定め神護国祚真言寺とし、弘仁十四年（八二三）に東寺を賜るまでここに住されました。

お大師さまが初めて高雄山に入られた大同四年（八〇九）十二月十日に、宇佐八幡大菩薩が現れ、必ず互いに教化し導きあうことを約束されました。

お大師さまは大菩薩のお姿を写し、大菩薩はお大師さまのお姿を写されました。互いの御影《みえい》です。

八幡大菩薩の神影は老比丘で、左の手に水晶の念珠を持たれ、右の手に錫杖《しゃくじょう》を持って頭上に日輪をいただいたお姿です。

参詣御廟　六十三

弘仁元年（八一〇）、お大師さまは河内（大阪府河内長野市）の高貴寺《こうきじ》に四月十六日から七月十五日まで安居《あんご》（僧侶が一定期間籠って修行すること）されました。高貴寺は葛城山系の景勝地です。その時お大師さまが詠んだ詩文は有名です。

閑林《かんりん》に独座す草堂《そうどう》の暁　三宝の声一鳥《いっちょう》に聞く
一鳥声有り　人心有り　声心雲水倶《せいしんうんすいとも》に了了《りょうりょう》

お大師さまは百日を区切りとし、仏教（仏・法・僧）を尊ぶ教えを憲法十七条に示した聖徳太子の御廟《ごびょう》に日参されました。太子と妃と母公の三骨を一緒に祀る御廟は、叡福寺《えいふくじ》（南河内郡太子町）にあります。

ある日、お大師さまは御廟が光明を放つのを目にされました。そしてその光の中から阿弥陀三尊のお姿が現れ、「我は救世《ぐぜ》観音の化身、母は本地阿弥陀如来の化身、我が妃は大勢至菩薩の垂迹《すいじゃく》なり」と告げ、法華勝鬘経《ほっけしょうまんきょう》を誦《じゅ》されました。

お大師さまは見佛聞《けんぶつもん》（目に大悲の仏、耳に微妙な経法を聞くこと）を得たのです。

清涼成佛　六十四

その頃、三論、成実《じょうじつ》、法相、倶舎《くしゃ》、華厳、律、天台、真言と各宗が成立していました。

宮中清涼殿で宗論を競うことになった時、真言宗の即身成仏の法門が一番尊いということになりました。

お大師さまはそれを示すため、手に大日如来の印を結び、大日如来の真言を唱え、大日如来のお姿を観想しました。

すると天より五智の宝冠が降り、お大師さまのお身体から光明を放って生身の大日如来となられました。

天皇も驚き礼拝し、「以後、真言を七宗の上に置くであろう」と勅を下されました。

製作造給　六十五

お大師さまは初めて法身《ほっしん》に説法があることを説かれました。そのために、真言宗として『十住心論《じゅうじゅうしんろん》十巻』を造り天皇に奉進されました。

天皇は叡覧《えいらん》され、

「十住心論は文義広博《ぶんぎこうはく》（文章の意味が深く広い）にして読み難し。更に要を取り略本を造るべし」

と勅せられましたので、お大師さまはさらに『秘蔵宝鑰《ひぞうほうやく》』三巻を造り奉進されました。

お大師さまが制作されたこれらの義疏《ぎそ》（経書）は今日に伝わり、真言宗の根本経典となっています。

第三幅　三十一絵

仁王經法

六十六

桓武天皇は平城京（奈良）から長岡京に遷都《せんと》した十年後、再び平安京（京都）に移しました。

弘仁元年（八一〇）、桓武天皇の意を継ぐ嵯峨天皇が即位し、都を奈良に戻すべきという兄の平城上皇と対立し、国が乱れました。この上皇の重祚《ちょうそ》（再び天皇の位に即《つ》く）を謀《はか》った事件は「薬子《くすこ》の変」と呼ばれています。

お大師さまは高雄山神護寺に於いて、仁王経《にんのうぎょう》の大法会を厳修されました。仁王経は災難を除き、国家安穏《あんのん》を祈る秘法で、唐に於いては遠くない昔、安禄山《あんろくさん》が挙兵して長安に侵入した時に不空三蔵が敵軍退散の修法をしていました。

お大師さまは長安で国家守護の密教修法を目《ま》の当たりにしてこられたのでした。

仁王経は、正しくは仁王護国般若波羅蜜多経です。

東大寺蜂　六十七

お大師さまの法力を語る話は数多く伝えられています。

奈良東大寺に突如として六寸にもなる大蜂が現れ、僧侶たちに被害が続出しました。怖れを抱き寺から退去する僧が多く、寺の日々の勤行も儘《まま》ならなくなり、人々も嘆き暮れていました。天皇はこれを聞かれ、お大師さまを東大寺別当に命じられました。

お大師さまが寺に住されると、蜂は現れず、衆僧も元に帰し、仏法も繁栄しました。

徳の高い僧が寺に住すれば寺は栄える（家は栄える）という例になりました。

真如親王　六十八

真如親王がお大師さまの御坊《ごぼう》を訪ねました。

折しもお大師さまは修法中、そのお身体からは佛・菩薩の光明を放っておられました。親王は礼拝されてお帰りになられました。

その後、一首の和歌を献じました。

かくばかり達磨を知れる君なれば
怛他蘗多《たたぎゃた》（如来）までに成り上りけり

真如親王は平城天皇の第三皇子、大師十大弟子のお一人です。薬子の変の後出家（八六五年頃）され、入唐後さらにインドへ向う途中で没したとされています。

観法無碍　六十九

真言密教の修法は観念修行（観察し思念すること）です。

行法を修する時、洒水《しゃすい》作法で𑖪𑖽《バン》を念ずれば水輪の観に入り、たちまち大水現れ、𑖨𑖽《ラン》を念ずれば火輪の観となり、堂内たちまち火焔《かえん》となります。

身・口・意の三密を相応すれば奇瑞《きずい》（良い前兆として起こる不思議な現象）を現ずると申します。

絵図は、お大師さまの修行により大水や火焔が現れたありさまを示しています。

神道灌頂　七十

神祇官大中臣智治麻呂《おおなかとみのちじまろ》が、神道に伝わる秘儀を嵯峨天皇に授ける時、お大師さまも天皇の仰せにより、ご一緒にお受けになりました。嵯峨天皇二十五歳、お大師さま三十八歳、智治麻呂三十三歳でした。

灌頂《かんじょう》とは、仏教の阿闍梨から法を受ける儀式を意味する言葉ですが、真言の作法は神道にも準《なぞら》え用いられました。

合體霊像　七十一

弘仁二年十一月、お大師さまは乙訓寺《おとくにじ》の別当に就任されました。このお寺には柑橘《かんきつ》（ミカン）の樹がたくさんありました。お大師さまは早速、嵯峨天皇に一千個のミカンを献上なさいました。

絵図は八幡菩薩が影を現し、お大師さまと一緒に刀を執《と》って木像を刻まれているところです。

御首はお大師さまが八幡菩薩のお顔に似せ、胴体は八幡さまがお大師さまに似せて彫られました。大師八幡合體の御影と伝えられています。

八幡さまが袈裟を着し、五鈷と念珠を手にし、瓔珞《ようらく》を首に掛けた珍しいお姿です。今も乙訓寺では秘仏として大切に祀られています。

高雄灌頂　七十二

弘仁三年十一月、高雄山神護寺に於いてお大師さまが導師をされた金剛界の灌頂会が、また十二月には胎蔵の灌頂会が開かれました。

傳教大師をはじめ百九十人、その時の受者名を記したお大師さま直筆の『高雄灌頂記』は国宝として神護寺に伝わっています。

お大師さま剃髪《ていはつ》の師である勤操大徳も弘仁七年七月、高尾山神護寺に於いて両部の灌頂を受けられました。勤操大徳六十三歳の時でした。

川越之額　七十三

お大師さまが高雄山に在していた折、天皇が金剛頂寺の額を依頼するため勅使を遣わされました。

高雄山寺の麓に着いたとき、清瀧川の水量が増し渡ることができず、勅使は思案に暮れていました。

お大師さまはこの有様をご覧になり、川の対岸で勅使に額を捧げ持たせ、筆に墨を十分に含ませ、額に向かって筆を振られました。すると墨霧となって飛び行き額に降りかかり、少しも乱れず、金剛頂寺の文字があざやかに顕れたと伝えられています。

南圓堂鎮　七十四

奈良の興福寺は藤原一族の氏寺です。藤原冬嗣がお大師さまの教えを受け、不空羂索神変《ふくうけんさくじんぺん》真言経三十巻に「藤原繁茂」という語句があることから、不空羂索観音菩薩を本尊として、八角堂を建立しました。

その時お大師さまは、鎮壇《ちんだん》の法（地鎮祭）を修されました。建設が始まると、春日大明神が老翁《ろうおう》の姿となって人夫に交わり、「補陀洛《ふだらく》や南の岸に堂たてて、北の藤浪いまぞさかゆる」と歌い、人々にも歌わせ、工事に励んだと言い伝えられています。

補陀洛山に咲く藤の花の盛んなることに寄せ、藤原氏の繁栄を言祝《ことほ》ぐ歌でした。

興福寺ではお堂の側《かたわら》に塔を建てる時、お大師さまが修した鎮壇の法具の箱が埋められていたのが発見されています。

勝地福田　七十五

お大師さまの弟子の中でも特に仏の三徳（智・徳・操）に勝《まさ》った方が二人おられました。

その一人は堅恵法師、略名は土心水師《どしんすいし》。生涯室生山《むろうさん》（室生寺）に隠れ住み、世の中の欲心から離れ、無欲心に徹底した修行をしました。

室生山はお大師さまが万民の幸福を願い、三国相承《そうじょう》の如意宝珠を埋められた山です。その山を天照大神、八幡大菩薩が日夜鎮護しました。

以来、日本は五穀（米・麦・粟・稗・豆）豊穣の福田となり、人々はその恩沢《おんたく》を受けているのです。

如意宝珠は無量の萬宝を備《そな》え、一心に祈願すれば七珍萬宝を雨の如く付してくださいます。

室生寺は、女人禁制の高野山に対し、女人高野と称されました。

高越留錫　七十六

お大師さまの弟子で、仏の三徳に勝《まさ》ったもう一人の僧は智弘《ちこう》禅師です。

土佐の金剛頂寺でお大師さまが修行された窟《いわや》を一生の住処《すみか》とし、常に座禅をしてその生涯を送られた清僧でした。

西寺（金剛頂寺）には智弘上人入定の地と称する遺跡が今も残っています。

この二人（堅恵法師と智弘禅師）は、お大師さまの禅定と智慧が現れて人となり、弟子になられたのだと人々は称《たた》え崇敬《すうけい》しました。

大峯修行　七十七

山が秘める超自然的な威力の中に身を置き、山と同一体（不動）となる修行は古くから行なわれていました。山岳信仰と呼ばれています。

お大師さま修行の霊山、役行者《えんのぎょうじゃ》ゆかりの霊峰は全国各地に存在しています。

山形の出羽三山（月山・羽黒山・湯殿山）、日光の男体山、新潟の蔵王山、大和の葛城山、奈良の大峰山、等々数多く、またお大師さまと役行者の尊像が多く祀られていることでも有名です。

お大師さまと役行者が讃岐の剣山で談話なされている時、蔵王権現が出現した、大峰山で修行なさる役行者とお大師さまは深い契りを結ばれたという話など、時空を超えた邂逅《かいこう》（巡り合い）の説話が今日に伝えられています。

小兒蘓生　七十八

和泉の国大鳥の郡《こおり》、今の堺市大鳥神社の近く、熊野詣での道のそばに、夫を亡くし一人の男の子と暮らしている母親がいました。

子供の成長を楽しみに大切に育てていましたが、ある日、突然、その子は狼に咬まれ殺されてしまいました。母親は地に伏し、天を仰ぎ泣き続け、悲嘆に暮れていました。そこに通りかかったお大師さまが、直ちに蘇生の陀羅尼《だらに》を口にすると、たちまちに童子は蘇《よみがえ》り、元気な姿になったということです。

龍泉涌出　七十九

河内長野の龍泉寺は蘇我入鹿《そがのいるか》の建立です。寺は蘇我氏の屋敷内にありました。

屋敷には池があり人々の生活を潤《うるお》わせていました。

ところが池の中に悪龍が住みつき、時々村民《むらびと》に害を加えます。

しかし悪龍は、

「仏法の伽藍建立し誓願冥利なり。吾、仏法の威に勝つこと叶わず、ゆえに他所へ移る」

と言うと、地響きを発《おこ》し、本形を顕し飛び去りました。

その後、池の水は涸《か》れ、寺の僧侶や人々は他の池に水を求めて苦労を余儀なくされました。そこにお大師さまが来られ、涸れた池に向かい加持祈祷をなさると、龍は真言の法味《ほうみ》に感じ入り、回心《かいしん》し、再び池に戻るとたちまち清水がわき出ました。

これにより寺の名を龍泉寺と名づけたといわれています。

了知牛語　八十

人の物を盗むと死後牛に生まれ変ると、唐の『冥報記《めいほうき》』や『日本霊異記《りょういき》』にその話が記されています。

お大師さまが摂津国住吉の郡の熊野街道（現在の住吉神社の近く）を歩いていると、子牛に吼《ほ》えられました。するとお大師さまは子牛に向って「進退は汝にあり、吾が力に非《あら》ず」と話されたのです。

弟子が不思議に思って、「牛が何か言ったのですか」と尋ねました。

「この牛は、前世に他人の物を盗みし人間じゃ。死して牛に生まれた。今、盗んだ人に使われている。弁償すべきかと牛が尋ねてきたので、汝が心がけに依ると答えたのだ」

お大師さまはそう答えられ、牛の喩話《たとえ》をもって盗みを働くことを戒めたのです。

日想観法　八十一

お大師さまは浪華《なにわ》（大阪）の四天王寺（聖徳太子の建立）に於いて日想観《にっそうかん》を修しました。その時、五智の宝冠が頭上に現れ、お大師さまは仏の相となられました。

日想観は、日没が始まる夕暮れ時、身を正し西に向い坐します。そして一心に極楽浄土を念じ、目はしっかり開けて海に沈む太陽の姿を見ます。すると西方浄土の世界が見える、十六想観行《そうかんぎょう》の一つです。

この十六観は観無量寿経に説かれています。

四天王寺の西門《さいもん》は高台にあり、海岸を望む素晴らしい景勝地で、熊野街道にも接しています。お大師さまの修行以来、西門は極楽浄土の入口であるといわれ、多くの僧が坐すようになりました。

今日でも春の彼岸、秋の彼岸の中日に行なわれています。

江嶋辨天　八十二

弘仁五年（八一四）、お大師さま四十一歳の時、相模《さがみ》（神奈川県）の江ノ島を訪れ巌窟《がんくつ》に留まり、辨財天《べんざいてん》の像を造られ安置されました。

その時に、天照大神、春日大明神、八幡大菩薩の諸神を刻み窟内に安置されたと伝えられています。

江戸時代になると江ノ島は美しい景勝地として人気を集め、辨財天の御利益が三味線歌曲（長唄）となり世に広まりました。

禪僧与油　八十三

越後（新潟県）の山中で座禅をする僧がおられました。

托鉢行にて食を得るも、光《あかり》を得がたいことを嘆かれました。

お大師さまは近くにある油がしみ出る不毛の畑を教え、修行僧の不便を助けられました。

新潟県にかつて草生津《くそうず》の地名があり、お大師さまゆかりの油を産出する地域と言われています。「くそうず」は石油の古称です。

恵日草創　八十四

お大師さまは東国の陸奥《むつ》（磐城・岩代・陸前・陸中・陸奥）を巡錫《じゅんしゃく》の折、三国の境に清々しい、交通の便のよい地を見出されました。そしてその地に伽藍を建て、丈六《じょうろく》（一丈六尺）の薬師如来、日光・月光の菩薩、眷属《けんぞく》の十二神将を安置し、金剛界曼荼羅九会の諸尊を祀り、薬師堂を東国に於ける密教修行道場とされました。

お大師さまは常陸の国筑波山に隠棲している弟子の徳一禅師に付属（布教の使命を付与）されました。

徳一禅師の筑波山の寺が恵日寺《えにちじ》でした。そのことから薬師堂は通称、磐梯山《ばんだいさん》恵日寺といいました。

靈山結界　八十五

福島県の伊達市と相馬市にまたがって屹立《きつりつ》する岩山は、悪神・魔王が住む山と恐れられ、人が近づかない山でした。

お大師さまはこの山にある荒廃《こうはい》した寺に入り、結界の修法をして悪神・魔王を追放し、再び戻ることができないようにされました。

以来、寺は安穏《あんのん》の場となり、仏法は繁栄し再び人が多く集まる寺となりました。

お大師さまの後、円仁（慈覚大師）が座し天台・真言両密教の道場としました。

恵日寺はお大師さま開祖の寺、霊山寺はお大師さま結界の道場といわれています。

高野尋入　八十六

弘仁七年（八一六）四月の頃、お大師さまは紀伊国に向かわれました。

その途中、大和の国宇智《うち》で一人の猟師に出会いました。猟師は、

「我は南山の犬飼《かい》なり。幽邃《ゆうすい》の地あり。この犬よく道を知れり、随《したが》って行き給うべし」

と犬を放し消えました。

その夜一人の山民《さんみん》がお大師さまの来意《らいい》を問うてきました。お大師さまが「伽藍建立の地を探し求めている」と答えると、

「此《これ》より南方に幽邃なる平原あり。三面に山連《つら》なり、萬水《ばんすい》東に流れる」

と告げ、忽ち消え失せました。

猟師は高野明神の化身、二番目に会ったのが丹生明神《たんにゅうみょうじん》の化現《けげん》でした。

稲荷誓約　八十七

弘仁七年（八一六）四月の頃、お大師さまは紀州田辺の宿で筋骨たくましい身の丈八尺（二メートル四十センチ）もの変わった顔付の翁《おきな》に出会いました。

翁は「久し振りにお会いしましたね」と言いました。

お大師さまと翁が前世に於いてインドの霊鷲山での釈尊説法の場でお会いして以来、随分と時が経っていました。

「あの時の約束を覚えていますか。私が密教を弘布《こうふ》する。あなたがその教えを擁護されるとの誓いを交わしました」

お大師さまは都に鎮護国家を祈る道場を建立されました。翁は「時は経ても心は同じ。必ず参ります」と答えました。

翌年春、稲を荷《にな》った翁が二人の女性と子供を連れて東寺南大門に現れました。翁が稲を荷っておられることから稲荷明神とお呼びになりました。

翁は約束の通り永く密教の道場を守護されました。東寺の鎮守神は稲荷明神と定められました。

皇帝御祈　八十八

弘仁七年十月、嵯峨天皇が病気になられました。

お大師さまは高雄の神護寺に於いて七日間、昼夜不断の護摩供を修し、病気平癒の祈願を続けられました。

お大師さまの上表文に「神水一瓶を加持して献上す。願わくは薬石に添えて不祥を除却したまへ」とありました。

如来加持力《にょらいかじりき》（神仏冥護の力）
以我功徳力《いがくどくりき》（自らも病と闘う力）
及以法界力《ぎゅういほうかいりき》（医薬や医師、家族の励ます力）

これら三力によって無病長寿の楽を得ることができます。

三鈷宝剱　八十九

お大師さまは高野山を拝領し、伽藍建立を始められました。樹木を伐採していた時、松の梢《こずえ》に光りかがやく物があるのを見つけられました。

大同元年、明州の浜で「我より先に帰り密教流布の招致を示したまえ」と投げた三鈷がこの地に飛翔していたのです。これを知ったお大師さまは、密教相応の勝地《しょうち》であると深く喜ばれました。

大塔建立の時には地中より宝剣が出土し、その銘には「釈迦如来説法の地、迦葉《かしょう》（釈尊十大弟子のひとり、頭陀第一）仏成道の地」と刻されていました。

「昼間は奇雲聳《きうんそび》え、夜は霊光現《れいこうげん》ず」と告げた明神のお言葉は、この宝剣のことを示していたのかとお大師さまは思われ、再び宝剣を大塔の地に戻され永く守護し、威光を念じられました。

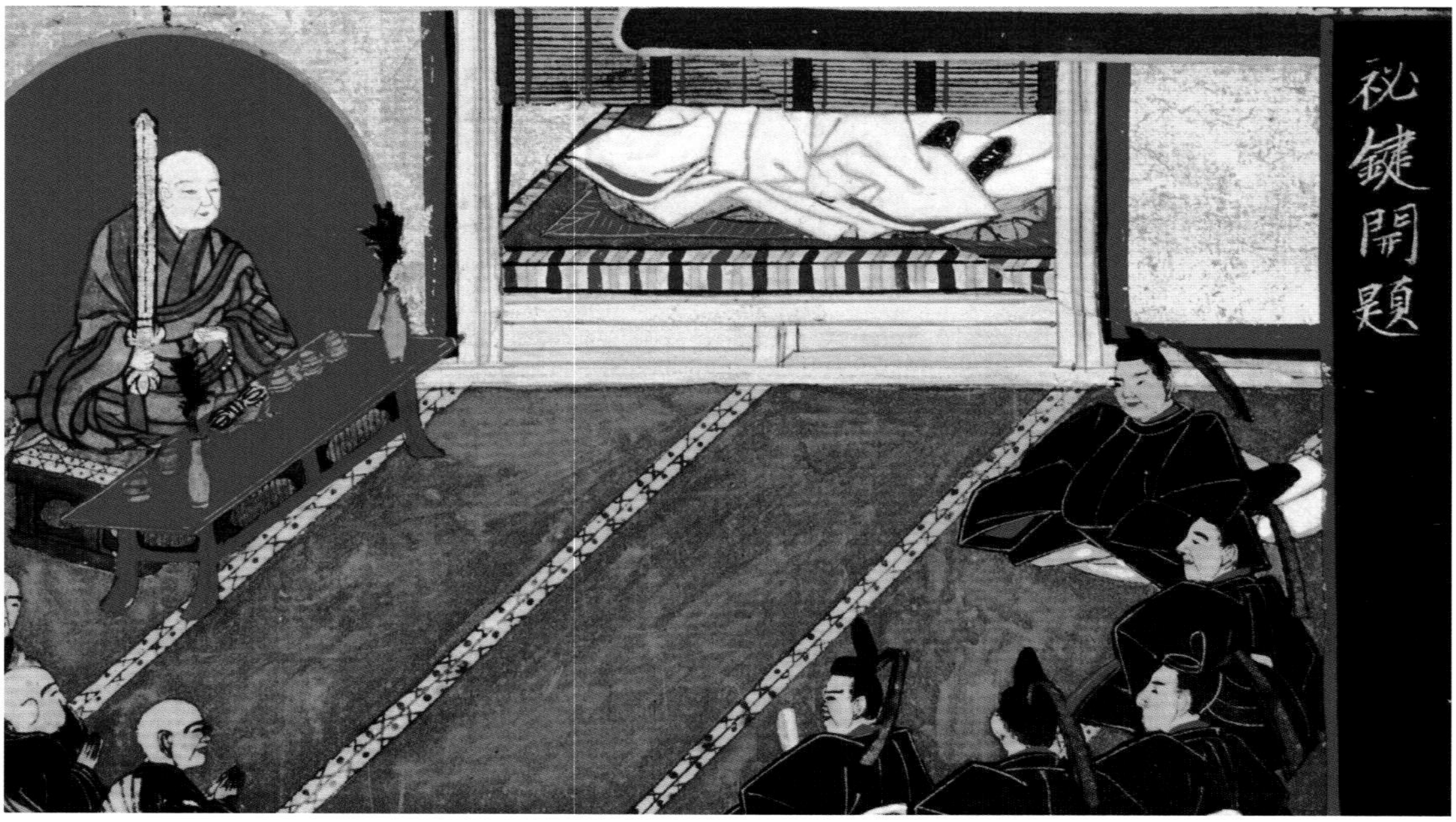

秘鍵開題 九十

弘仁九年（八一八）の春、疫病が全国に広まりました。嵯峨天皇は心を悩まされ、自ら筆を執《と》り、般若心経を書写されました。（宸翰《しんかん》のお経は紺紙金泥《こんしこんでい》で書かれ、現在、京都大覚寺心経殿に奉安《ほうあん》されています）

そしてお大師さまにこのお経を講ずるように勅しました。その講録が「般若心経秘鍵」です。

真言は不思議なり
観誦《かんじゅ》すれば無明《むみょう》を除く
一字に千理を含み
即身《そくしん》に法如《ほうにょ》を証《しょう》す
行行《ぎょうぎょう》として円寂《えんじゃく》に至り
去去《ここ》として原初に入《い》る
三界《さんがい》は客舎《かくしゃ》の如し
一心はこれ本居《ほんご》なり

權者自稱　九十一

お大師さまが秘鍵《ひけん》講読を始められると、忽《たちま》ちにその効験《こうけん》を顕し、疫災《えきさい》は止まり、死の淵で足掻《あが》いていた多くの者は蘇生《そせい》しました。

秘鍵の上奏の文に、「予昔《よむかし》、鷲峯《じゅうぶ》説法の莚《むしろ》にはべって、親《まのあた》りこの深文《じんもん》を聞き、豈其《あにそ》の義に達せざらんや」とあります。

これはすなわち、お大師さまが権者（仏・菩薩が人々を救うため権《かり》に現れた身）であることのあかし（自証《じしょう》）です。

應天門額　九十二

天皇の居所（宮城）の入口は東西南北、それぞれに大きな門の構えです。その門のひとつが羅生門です。

弘仁九年（八一八）四月、嵯峨天皇は宮城諸門の名称を改められました。そして当時名筆で名を馳せていた橘逸勢《たちばなのはやなり》、小野《おのの》美材《よしき》、お大師さま、嵯峨天皇ご自身も筆を執り揮毫《きごう》なさいました。

東面は嵯峨天皇、西面は小野美材、北面は橘逸勢、南面はお大師さまでした。お大師さまには、朱雀門（南面）の内側にある朝堂院の門・応天門額も仰せつけられました。

お大師さまが額に「応天門」の文字を認《したた》められ、額を建物に揚《あ》げられたとき、下から額を見ると「応」の文字の最後の画である点が見えません。お大師さまが墨をつけた筆を下から投げるとその点がはっきりしました。

以来、「応天門の抛《な》げ筆、弘法も筆のあやまり」との諺《ことわざ》になって後の世に伝えられました。

二荒日光　九十三

お大師さまは『性霊集』に、二荒山《ふたらさん》は勝道上人が艱難辛苦《かんなんしんく》を耐え開山した山であり、景勝地であることを記されています。

お大師さまは弘仁十一年（八二〇）六月の初めに京より東国に下向されました。

二荒山の中禅寺湖に大きな羅刹窟《らせつくつ》と呼ばれる洞窟《どうくつ》があり、春と秋には、この窟から大風が吹き人々が難儀していました。お大師さまは窟の前に壇を構え、結界法を修し、中に住む羅刹《らせつ》（悪鬼神）を鎮《しず》めました。

以来、二荒山と呼ばれていたのを日光《にっこう》山と改められました。

明治四年（一八七一）に輪王寺と東照宮と荒山神社に分割されました。廃仏毀釈《はいぶつきしゃく》により神と仏（寺）との対立の烈しさを嘆かれた明治天皇は、明治九年（一八七六）東北巡幸の折、輪王寺にも巡られ、「旧観を失うことなかれ」との御言葉とともに支援金を下賜《かし》されました。

両部神道　九十四

お大師さまの開かれた密教は金剛界・胎蔵両部の曼荼羅に代表されます。その教えに神々の存在が融合し発展したのが「両部神道」です。本地垂迹説《ほんじすいじゃくせつ》（神仏同体説）の根底です。

お大師さまと嵯峨天皇は親密な間柄でした。

「師が伝える密教に印契《いんげい》多しと聞く。我前代《ぜんだい》より受けし中に、即位の大事あり。密教の中にも此《か》くの如き事ありや」

嵯峨天皇のお尋ねにお大師さまは、

「密教は真の法門なるが故に、外金剛部神祇灌頂《げこんごうぶじんぎかんじょう》の式もあり、人中王者四海領掌《りょうじょう》の印契もあり」

と答えられました。

天皇は相伝の印相を示され、お大師さまは密教の奥秘を授けられました。神道と密教が、割符が合わされたかのように一致しました。これを御流神道とも、両部神道とも呼びます。

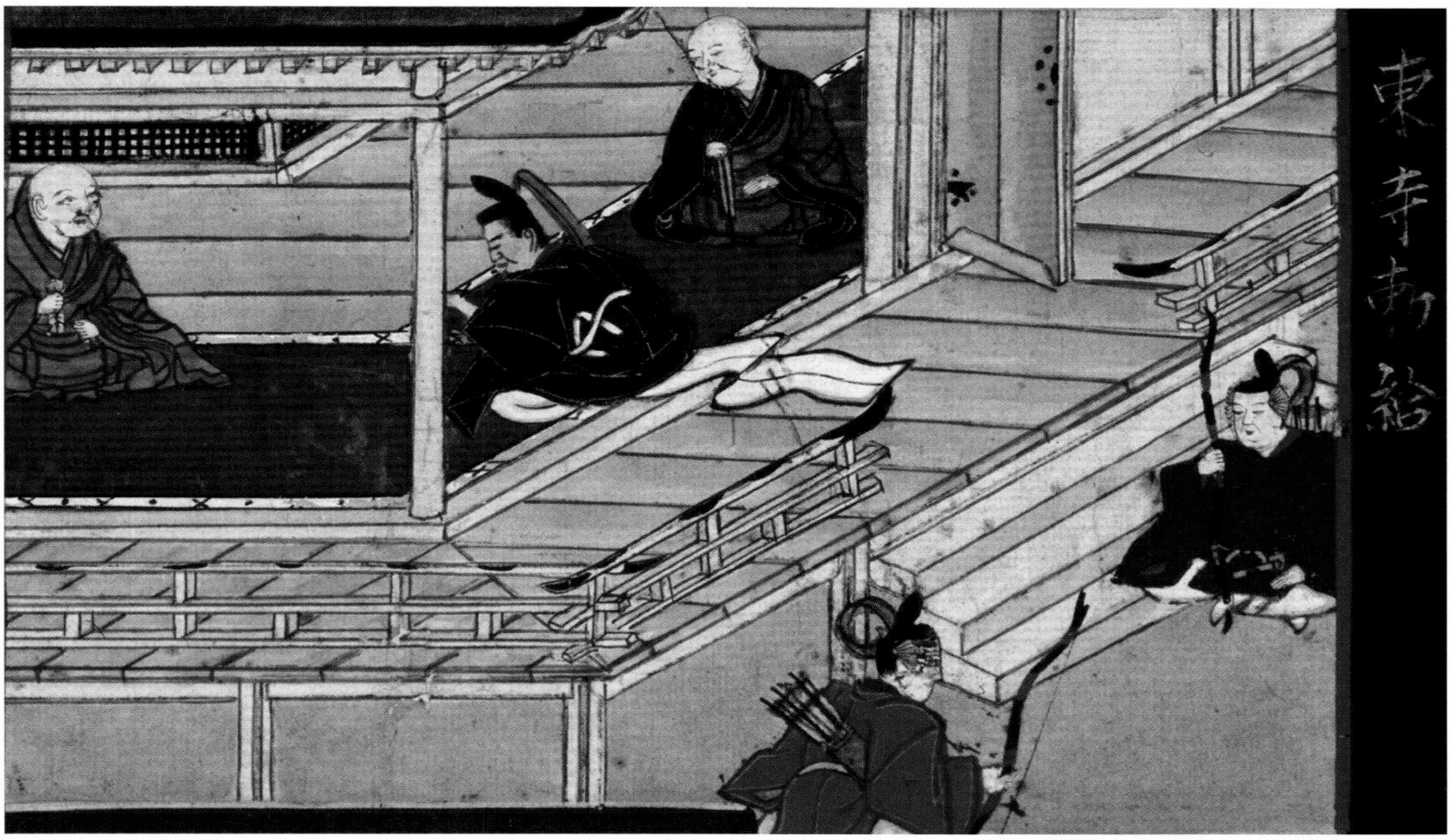

東寺勅給　九十五

弘仁十四年一月十九日、嵯峨天皇は藤原良房を勅使としてお大師さまの許《もと》に遣わし、東寺を与えられました。

その喜びをお大師さまは御遺告《ごゆいごう》に「弘仁の帝王給うに東寺を以《もっ》てす。歓喜にたえず」と記されています。

東寺は永く真言密教弘通《ぐずう》（仏法の教えが広まること）の道場としてお大師さま請来の一切の経論、曼荼羅、道具、仏舎利八十粒、健陀穀子《けんだこくし》の袈裟等ことごとく東寺大経蔵に納め、代々の長者に付嘱《ふぞく》しました。

お大師さまの御記文《ごきもん》に「東寺は是れ密教相應の勝地。鎮護《ちんご》国家の眼目《がんもく》なり」とあります。

皇帝灌頂　九十六

灌頂は大日如来の秘法を授かる儀式で伝法灌頂には次の三種があります。

伝法灌頂―密教を学び人の師となり、阿闍梨となる者が受ける

弟子灌頂―弟子となるために必要な資格を持つ灌頂

結縁灌頂―多くの人々に仏縁を結ばせるための灌頂

平城太上皇は、奈良東大寺に灌頂院を建てられ、お大師さまを請じて弘仁十三年（八二二）に受戒されています。この時皇子を始め、文武百官の人々が入壇し授法されました。これが皇帝の灌頂入壇の最初です。

嵯峨天皇は弘仁十四年にお大師さまを大阿闍梨として冷泉院に於いて金剛界の灌頂を受けられ、天長元年（八二四）には淳和《じゅんな》天皇も仁寿殿において胎蔵灌頂を受けられています。

第四幅　二十七絵

稲荷勧請　九十七

ある日、稲荷明神がお大師さまの夢枕に現れ、「東寺の境内の社では我が住居として少々狭く活動しにくい」と申されました。そこでお大師さまは嵯峨天皇に願い出て、東寺の東に位置するお山を拝領し社を移されました。それが伏見の稲荷山です。

稲荷明神の大祭は毎年三月の午の日、五社のお神輿が伏見の山を下《おりら》れ、京を巡幸します。還幸《かんこう》の日（稲荷山に帰られる日）には必ず東寺南大門より入り、東寺八幡宮の前にお神輿は据えられ、寺僧が供物を供え、法楽を捧げ、お稲荷さまはその供養を受けられてから伏見の山に帰られます。

明治の神仏分離（慶応四年三月、神仏判然令）の時、伏見神社はこのお旅巡行で東寺参拝を拒止《きょし》しましたが、伏見神社の氏子達が承知しませんでした。お旅巡行は今日も続いています。

守敏加持　九十八

守敏僧都は大変呪力《しゅりき》の勝れた方でした。火気を用いず栗は茹栗《ゆでぐり》となり、病人を加持すればたちまちに平癒する。

ある時、嵯峨天皇の依頼で御前にて水瓶に入れた生栗を加持し、いつもの如く茹栗となるように祈念しますが、なかなかうまくいきません。

周囲に目をやるとお大師さまが座していらっしゃいました。

守敏僧都の法力は、お大師さまの威徳に押され効験を発揮できなかったとのことです。

守敏封龍　九十九

天長元年（八二四）の春は稀《まれ》にみる酷《ひど》い日照りで、農民はもとより都の人々も苦しみました。

お大師さまに勅が下り請雨を祈ることになりました。その時守敏僧都は上奏しました。

「私は大師より上﨟《じょうろう》（年上）です。請雨の法も習い受けています。私に先に勅を下し勤修《ごんしゅう》させてください」

淳和天皇はこれを許しました。僧都は勇み七日間の修法にかかりました。結願《けちがん》の日の朝、突如、黒雲が天を覆い大粒の雨が降り人々は感激しました。ところが雨が降ったのは平安京の中央のみ、洛外には及びませんでした。

そこで請雨の勅命がお大師さまに下りました。

お大師さまは神泉苑に入り請雨経の法を修しますが、少しも雨の気配を感じません。お大師さまは怪《あや》しみ禅定《ぜんじょう》に入り見回したところ、所々に住する龍を、守敏僧都が水瓶に封じ込めていました。

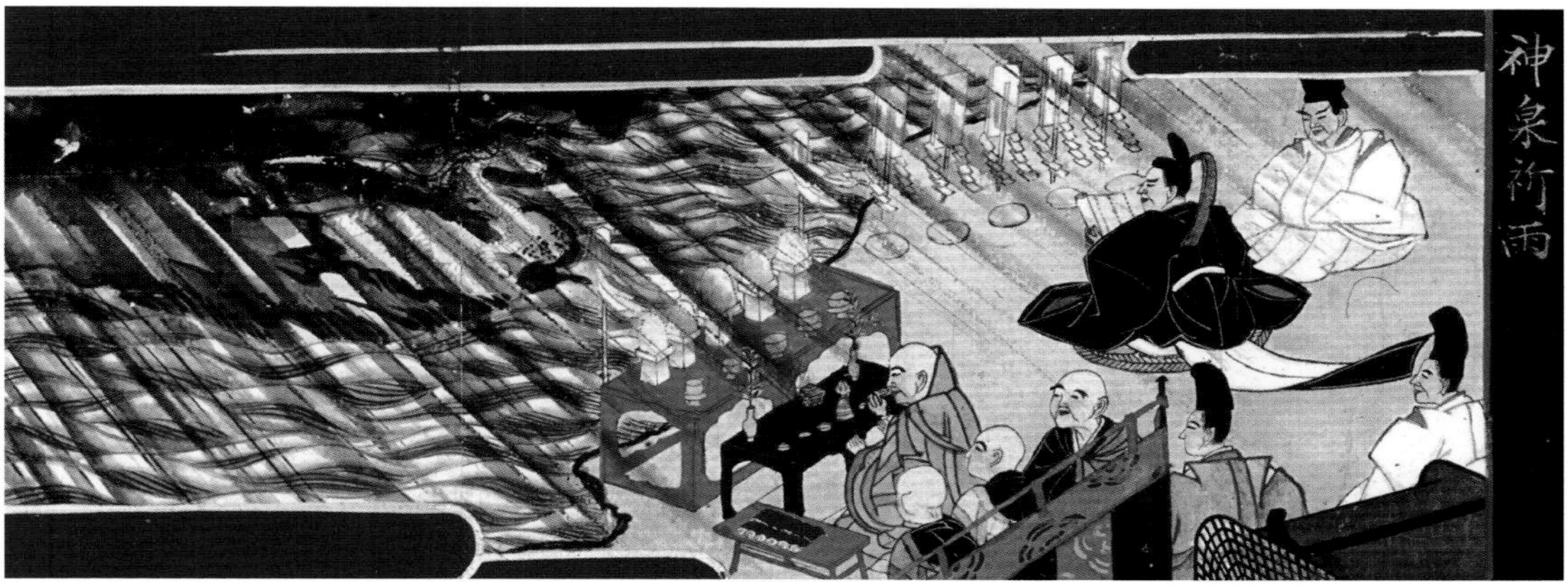

神泉祈雨　百

お大師さまは更に観じて、神泉苑で請雨の修法を続けられましたが、ねたむ僧の妨害のため龍王の多くは姿を隠してしまいました。

お大師さまは禅定の最中、天竺の北の無熱池《むねっち》に善如《ぜんにょ》龍王がおられるのを観じ、善如龍王を神泉苑の池に勧請《かんじょう》しました。

お大師さまは弟子たちに告げられました。

「此の池に在する龍王は、善如と名付ける。天竺無熱池の龍王の仲間で、慈《いつくしみ》あって人のために良善を施す龍である。今ここに勧請した。この龍王池の中より現れる時は慈雨成就する」

お大師さまの修法の最中に龍王が池より姿を現しました。長さ八寸の金色《こんじき》の蛇《じゃ》が頂に乗っていました。

お大師さまはこの由来を記し奏しました。天皇は、和気真綱《わけのまつな》を勅使とし、御幣《ごへい》や供物を龍王に献じました。結願の日、黒雲天を覆《おお》い雷鳴四方に轟き、三日三晩の間、甘雨降り続いて、洛中洛外を始め諸国に至るまで悉《ことごと》く潤いました。

矢取地蔵　百一

お大師さまは東寺に住し、守敏僧都は西寺《さいじ》に居ました。共に法力の勝る大徳として世の人々から厚い信頼が寄せられていました。

茹栗《ゆでぐり》の事、神泉苑の雨乞いの事など、お大師さまの法力に圧《お》され嫉妬した守敏僧都は、調伏《ちょうぶく》（降伏）の呪詛《じゅそ》を始めました。これを知り、お大師さまも調伏の法を修されました。

お大師さまの加持した調伏の矢は東寺より西寺に向って飛び、僧都の加持した矢は東寺に向って飛びました。

京都の左京と右京の境に小さな御堂があります。本尊の地蔵菩薩は矢取地蔵と呼ばれています。地蔵菩薩が両方の矢を取り、両大徳に害が及ばないようになさられたからです。

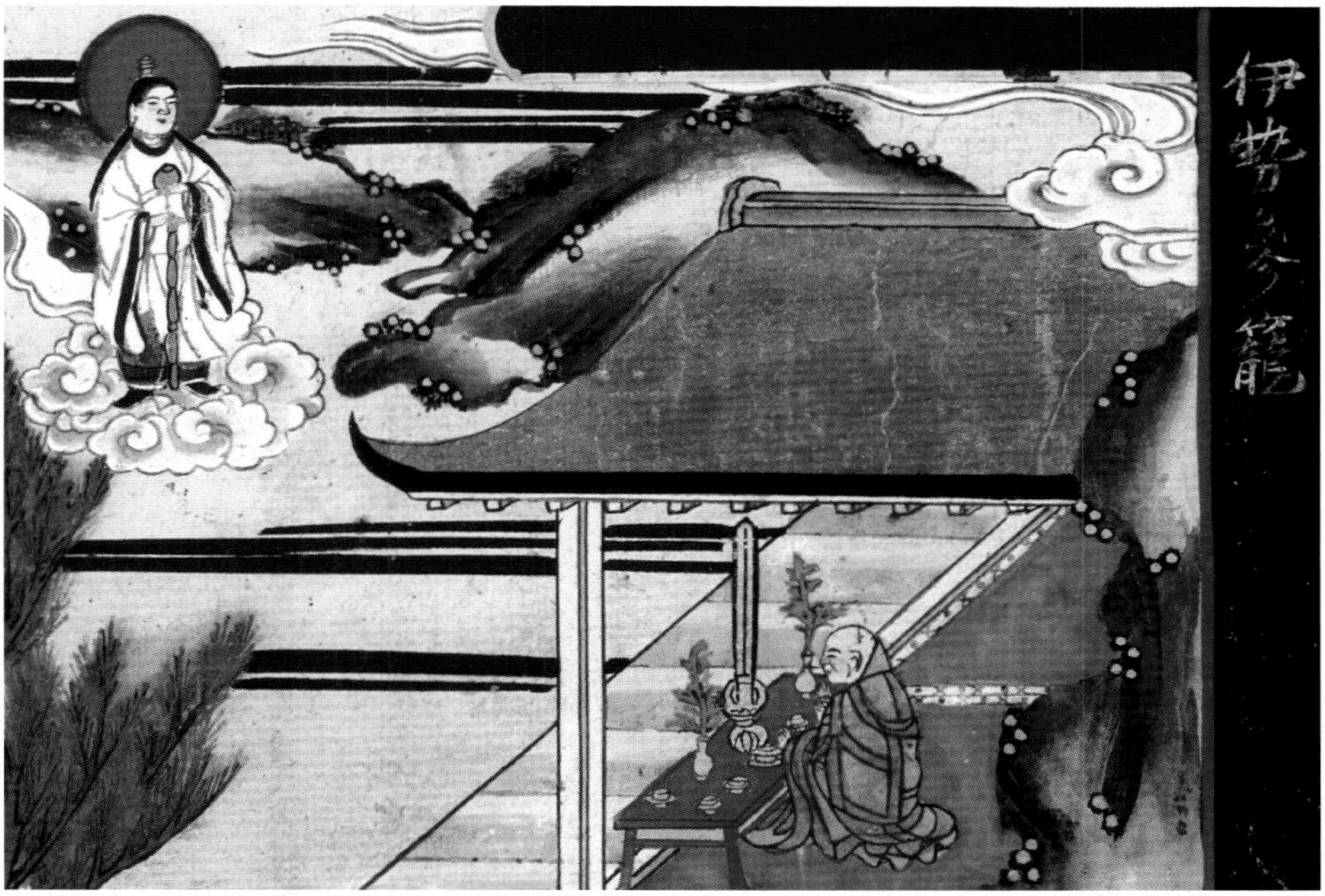

伊勢参籠　百二

お大師さまは伊勢の朝熊山に参じ求聞持法を修行されました。その時、虚空蔵菩薩と天照皇大神が現れました。

お大師さまに向かって、

「この山に寺を建て、雨宝《うほう》童子を以てこの山の護法神とせよ」

と言われると、時同じくして雨宝童子も姿を現したのでした。

そのお姿は白衣を着《ちゃく》し、右の手に宝棒、左の手には赤色《せきしょく》の宝珠《ほうしゅ》を持たれていました。

天照皇大神は御口より五輪塔を吐いて童子の頂に居《す》えました。虚空蔵菩薩は御口より白色《びゃくしょく》の宝珠を吐いて童子の額《ひたい》に授けられました。お大師さまは伽藍を建て金剛證寺と名づけました。

伊勢神宮の奥の院として今も信仰を集めています。

二門修法　百三

二間《ふたま》修法は別名を二間の観音供といいます。天皇陛下の居室の隣には持仏堂の如く観音さまをお祀りされています。

弘仁十四年七月、お大師さまの上奏に依《よ》って天竺や唐の吉例《きちれい》に倣《なら》い、宮中に於いても毎月十八日に観音供を行ない朝廷の繁栄を祈りました。本尊は白檀の正観音、左右の脇侍《きょうじ》は梵天《ぼんてん》、帝釈《たいしゃく》の二天を配してあります。

二間の観音の名の由来は、清涼殿《しょうりょうでん》は二間あり、その一室に観音さまが祀られていたという説、御座所の次の間で御身近く修するので二間観音といわれるようになった、という二つの説があります。

現在は毎年新年の御修法《みしほ》の時、灌頂院の金剛界大壇の北側に別壇を設けて観音さまを祀り、宝祚《ほうそ》（天皇の位）無窮《むきゅう》（無限）・聖運繁栄を念じています。法要が終ると、御衣と一緒に宮中に返座されます。

對治疫鬼　百四

お大師さまが高雄神護寺に滞在中、六カ年山門不出の誓いを立てられ修行しておられました。

その最中、藤原良房公卿《くぎょう》の家中で疫病が蔓延し、藤原大納言はお大師さまに加持を蒙《こうむ》らんと願いました。

しかしお大師さまは宿願あって山門を出ることができません。お大師さまは次のようにおっしゃいました。

「私の所持している五鈷杵《ごこしょう》と念珠を弟子の真済大徳に授けます。祈念してもらいなさい」

真済大徳は、病人に対して五鈷杵で念珠を加持し、印を結び真言を唱え祈念すると、病人の苦痛が和らぎ、皆快復したとのことです。

恵果救療　百五

お大師さまは帰国後二十七年を経《へ》た天長八年（八三一）六月、癰《よう》（悪性の皮膚癌）に冒《おか》され重態に陥《おちい》りました。ご自身もこの度の病は一命助からぬことと覚悟され、大僧都を辞《じ》す表文《ひょうぶん》を献上し、陛下に暇乞《いとまご》いを告げられました。

お大師さまの臨終の刹那、一人の修行者がお大師さまの病床に進み来て、不動明王の真言数百遍を唱えると癰が剥離《はくり》しました。弟子は驚いて癰の痕《あと》を見つめている間に蘇生《そせい》されました。

お大師さまは青龍寺で恵果和尚より密教の相伝を受けた時、

「世の師範たるに堪えれども、重き病にかかる事あるべし。その時、我必ず護持してその怖れを除くべし」

とお大師さまに告げました。

今この時、恵果和尚が生前の約束のもと、来て加持されたと伝えています。

皇嘉門額　百六

皇城の西南皇嘉門《こうかもん》の額はお大師さまの筆です。その文字は力士が足を開いて構えるように見えました。

門の近くに助紀《すけき》の百枝《ももえ》という人が住んでいました。ある時、力士が来て拳《こぶし》を上げ百枝を打とうとします。百枝は驚き助けを求めました。すると門の額の文字が力士の姿となって百枝を助けました。不思議な出来事でした。

南面の美福門と朱雀門もお大師さまの筆でした。

小野道風《おののとうふう》はその文字に難癖をつけました。権化の神筆《しんぴつ》には神霊が宿るといいます。小野道風は罰《ばつ》を受け手足の自由を失ったそうです。

大納言行成公《だいなごんこうぜい》は聖跡《せいせき》を重んじ額の補筆をすべきと、祭壇を設けて諷誦文《ふじゅもん》を捧げ、お大師さまの御許を請われました。

行成公の信心は功徳を得て、子孫相続き書道の長《おさ》として久しく朝廷に仕えました。

親王御影　百七

真如親王（嵯峨天皇の皇太子）は絵筆に優れたお方でした。お大師さま御入定の前、弟子達がお大師さまのご肖像を写し永く供養し奉らんと欲しました。

お大師さまは右手に五鈷杵を、左手に念珠を持たれ、威儀を正して足を組み椅子に座られました。このお姿を真如親王が描かれました。

お大師さまは自ら目に筆を入れられたと伝えられています。お大師さまの御影《みえい》（肖像画）として私達が一番よく知っているお姿です。

後七日法　百八

毎年正月八日より十四日までの七日間、宮中真言院に於いて国家安穏《あんのん》（鎮護国家）、玉體《ぎょくたい》安穏、五穀豊穣《ごこくほうじょう》を祈る秘した法会があります。

正月の初め七日間は神事儀式、その後の七日間は京都東寺の灌頂院で行われるところから「後七日御修法《ごしちにちみしほ》」と呼ばれています。

天長六年（八二九）、お大師さまの奏請《そうせい》により旧の儀式が改められ、今日まで千二百年相伝され続く、真言宗挙げての最高位の厳儀《ごんぎ》です。

結願の十四日には全ての定額僧が参列し、大阿闍梨は恵果和尚から賜った健陀縠子《けんだこくし》の大衣《だいえ》を着し、お大師さま請来の五鈷杵と念珠を持って陛下の御衣《おころも》を加持します。

門徒雅訓　百九

お大師さまは天長九年（八三二）十一月十二日から高野山に閑居《かんきょ》されました。

そして承和元年（八三四）、六十一歳を迎えるにあたり、自身の入定の日を定められました。

五月、金剛峯寺に弟子を集められ「吾《わ》れ生期幾《しょうごいく》ばくもあらず。汝等《なんじら》、よく住《じゅう》して慎《つつし》んで仏法を守れ」と教え諭《さと》しました。

承和二年三月十五日に至り、再び弟子を集められ、

「吾れ入定の事は、三月二十一日寅の尅《こく》（午前四時頃）なり。兜率天《とそつてん》にて弥勒慈尊《みろくじそん》のそばにひかえるなり。五十六億余年の後には慈尊（弥勒菩薩）と共に下生《げしょう》す。下らざる間は微雲管《びうんかん》（細い管）より見奉《たてまつ》らん」

と諭《さと》され、末代の弟子達のために二十五カ条の訓戒《くんかい》を示されました。

入定留身　百十

承和二年三月二十一日寅の刻、お大師さまは結跏趺坐《けっかふざ》し大日の定印《じょういん》を結び御入定されました。弟子達は弥勒の宝号《ほうごう》を唱え続けました。

お大師さまの入定は都にも伝わり、仁明天皇は勅使を高野山に遣わされました。

嵯峨太上皇は御製《ぎょせい》の詩一章を下されました。

得道ノ高僧氷玉清シ　杯ニ乗ジ錫《せき》ヲ飛バシテ滄溟《そうめい》ヲ渡ル

化身世ニ住ス　何ゾ能《よ》ク久シカラン……

弟子の實恵《じちえ》大徳は聖恩《せいおん》に感激し、「今月七日、御製手札《ぎょせいしゅさつ》の先師を哭《こく》する詩を賜《たまわ》る。筒筒《つつし》に納め後世の師門の幸栄とせん」と書き留めています。

宗門の光栄であります。

奥院送斂　百十一

承和二年三月二十一日お大師さまご入定。

お大師さまの弟子達は度々の遺告《ゆいごう》を受け、この日以後、悲しみに暮れ、ただただ涙にむせび四十九日を過ごしました。

いよいよ四十九日を迎えお大師さまの定身を奥の院にお送りするため、のびた髪を剃り、お衣を整え、御輿にお乗せしました。そのお姿は少しの衰弱もなく顔色も穏やかでした。

實恵《じちえ》、眞済《しんぜい》、眞雅《しんが》、眞紹《しんしょう》、眞然《しんぜん》、眞如《しんにょ》、六人のお弟子が代わる代わる御輿を担ぎ進みました。予《かね》てお大師さま自らが定め置かれた霊窟《れいくつ》は石組で壇が築かれ、上部に五輪塔《ごりんとう》と宝篋印塔《ほうきょういんとう》が建っています。入定留身《にゅうじょうるしん》は密教紹隆《しょうりゅう》・鎮護国家・衆生利益のための誓願によるものでした。

ありがたや　高野の山の岩かげに
大師はいまだ　おわしますなる

（高野山のご詠歌）

嵯峨喪禮　百十二

お大師さまは入定留身を定めるにあたり、嵯峨天皇に暇乞《いとまご》いを申し上げるため宮中に参拝し拝謁《はいえつ》されました。

天皇は「私より先に入定されるとは、私の永年の意に違《たが》う」と深く嘆かれました。

お大師さまは「その時には私が拘《かか》わりますれば、どうか、御喪礼《ごそうれい》は急がないでください」と申し上げられました。

嵯峨天皇は承和九年七月十五日御崩御《ごほうぎょ》されました。

お大師さまとの約束の如く、中陰《ちゅういん》が終わり御棺《ぎょかん》を嵯峨野の木の上に置きました。すると南山《なんざん》（高野山）より嵯峨野まで五色の雲たなびき、その雲の中に赤い衣冠・束帯《そくたい》に上衣を着した者八名下り来て、御棺を荷《にな》いて雲の中に入り、嵯峨天皇の御棺は南の方へ飛び去りました。

贈位官符　百十三

清和天皇の貞観六年（八六四）に真雅僧正の上奏により僧綱《そうごう》（僧位）が制定されました。

法橋《ほうきょう》上人位を律師、法眼和尚位を僧都《そうず》、法印大和上位を僧正の位と定められました。

その年の三月に勅が下り、お大師さまに法印大和上位が贈られました。

御入定以前のお大師さまの僧官は大僧都、僧位は伝燈大法師でした。僧官は大僧正、僧位は法印大和上、最上の僧官となり、最高の僧位を追贈されたのです。

弘法大師という御名は醍醐天皇（在位八九七〜九三〇）から贈られた諡号《しごう》（称号）です。

慈覺霊夢　百十四

ある人が慈覚大師（円仁僧正　七九四～八六四）と大日経について談じていました。

「お大師さまの説かれる大日経注釈書と慈覚大師の大日経とは違いがある。お大師さまの真言は荒々しい説き方です」

と言い、慈覚大師も同意する言葉を発していました。


その夜、慈覚大師の夢にお大師さまの弟子・康修《こうしゅう》という僧が現れ言いました。

「和尚にお会いするために吾が師がここに来られました」


慈覚大師は袈裟を着しお迎えに出ました。庭に蓮華が咲き、その上に五鈷と金剛杵がありました。「いずこにおられます」と問うと、康修は五鈷を示し、金剛杵を指差し「吾が大師なり」と言いました。お大師さまは、真言法門の精粗《せいそ》を論ずることは我執の驕慢《きょうまん》の沙汰《さた》なりと諌《いさ》めるため、霊夢を感じさせたのです。

贈大師号　百十五

天台宗には伝教大師と慈覚大師の二人が大師号を拝受されているのに、真言の高祖には大師号がないことを憂いて、お大師さまに諡号《しごう》を贈られるよう上奏されたのは寛平《かんぴょう》法皇と観賢僧正でした。

寛平法皇（宇多天皇）は、御室御所仁和寺を開創し真言の法流を伝承し、常にお大師さまの高徳を慕われておりました。般若寺の観賢僧正は寛平法皇に続いて、お大師さまに諡号を賜らんことを再び上奏されました。

延喜二十一年（九二一）十月二十七日勅許が下り、勅使少納言平惟助卿《ひらのこれすけきょう》と観賢僧正の二人が高野山に上り、奥の院御廟前に於いて勅書を奏読し聖旨をお大師さまにお伝えしました。ご入定から八十六年目のことでした。

さらに朝廷から弘法大師という諡《おくりな》を賜りました。昔、久米の塔中で大日如来経典に添《そう》して「時来たれば弘法利生の菩薩ありてこの経を世に弘めるべし」とありました。まさに弘法の二字はこの事に依ったものでした。

お大師さまの入唐求法は、久米の大日経を感得したことが機因となりましたので、「弘法」は最もよく相応《そうおう》した諡号《しごう》でした。

御廟拝見　百十六

ある日、諡号を贈られた醍醐天皇の夢にお大師さまが現れ、「我が衣朽ちたり、お衣を賜らんことを請う」とおっしゃいました。醍醐天皇は諡号授与の勅使・惟助卿に加え、贈衣授与の勅使として扶閑卿《ふかんきょう》を定めました。この諡号・贈衣決定の朝議は延喜二十一年（九二一）十月二十七日と記されています。

観賢僧正と二人の勅使は十一月二十七日高野山にて御廟の前で上奏を奉告し、開廟して献納されました。勅が発せられて一月もかかったのは、桧皮色《ひわだいろ》のお衣の染色・裁縫に時を要したためでした。

観賢僧正は御廟を開きましたが、ご入定の尊容を拝することができませんでした。一心に罪障《ざいしょう》を懺悔《ざんげ》し、「御姿拝せしめまたまえ」と祈念すると、雲霧晴れ、御姿を拝し、御衣のお着替えがかないました。その時、弟子の淳祐《じゅんゆう》、寛空《かんくう》は観賢僧正に随っていましたが、お大師さまの尊容を拝することはできませんでした。観賢僧正これを憐《あわれ》み、二人の弟子の手でお大師さまのお膝を撫でさせました。その時の香気《こうき》は、馥郁《ふくいく》として一生の間失せることがなかったといわれています。

住吉同躰　百十七

お大師さまのご入定後、弟子たちは「お大師さまを仏の生まれ変り、不空三蔵の生まれ変り、大日如来の仏身《けしん》なり」と語り合いました。お大師さまの御遺告の誓願により、弥勒菩薩の垂迹《すいじゃく》（仏が衆生済度のために仮の姿で現われること）であり、延《ひ》いては芸術、文化の神の化身として住吉明神と同体であられるともされたのです。

お大師さまが生身の仏と慕われるのは「如来に十号あり、大師もまた十号を具《ぐ》す（備わる）」所以によります。幼名の真魚《まお》に始まり、貴物《とうともの》、神童、無空、教海、如空、空海、五筆和尚、遍照金剛、弘法大師、以上十号のお名前です。

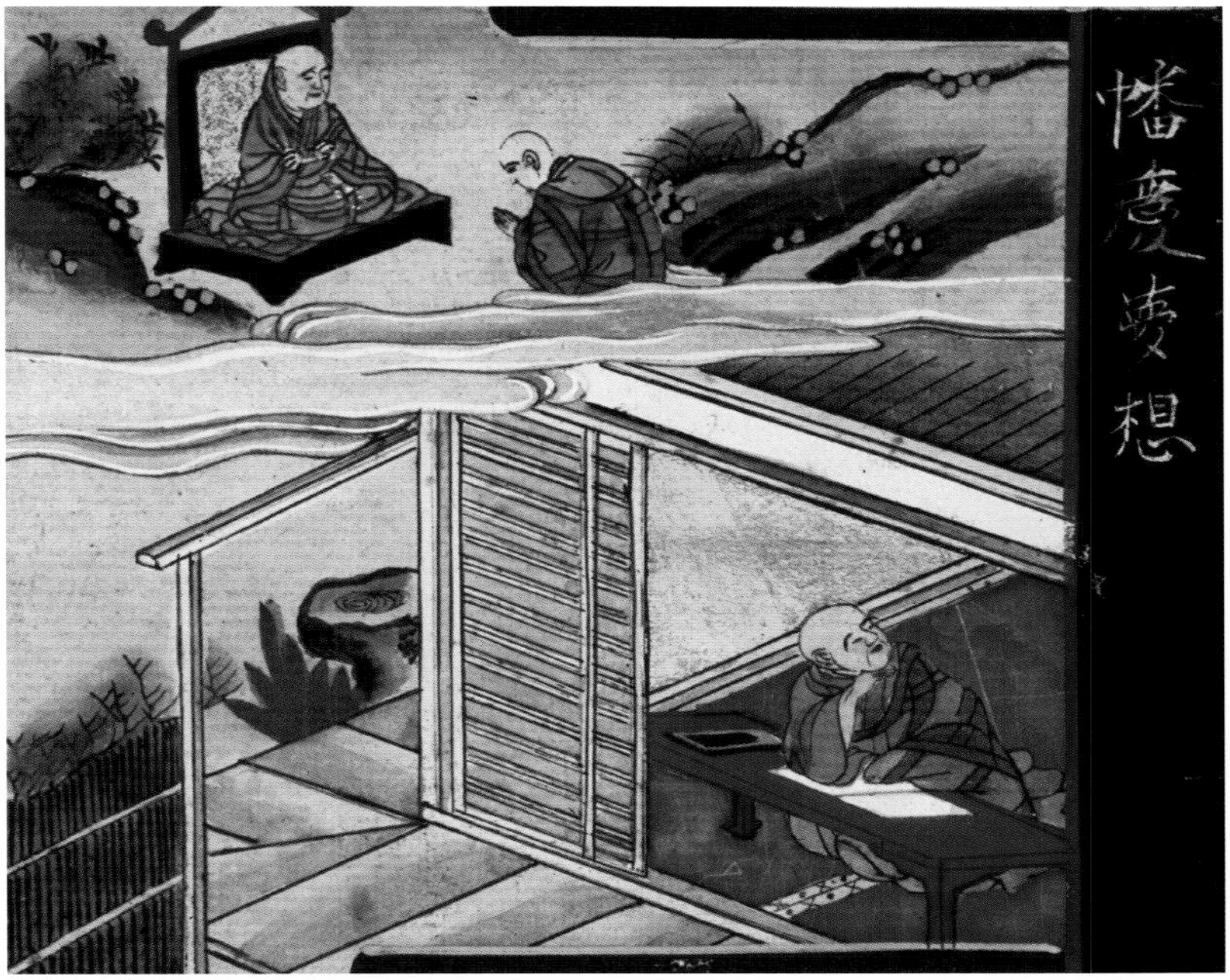

幡慶夢想　百十八

河内国の普光寺《ふこうじ》の幡慶《ばんけい》は学問一途な僧でした。高野山に上り密教を学びたいと思っていましたが、家が貧しく資縁《しえん》（仏道修行の助けとなる衣食住）に恵まれず、本意が果たせませんでした。

ある夜、夢で高野山に上り、一人の僧から

「汝この地に来るべし。菅丞相《かんじょうしょう》（菅原道真）と小野道風《おののとうふう》は我が後身なり」

と言われました。目覚めた幡慶は、あの方は高野山のお大師さまではないかと人に話したとのことです。

お大師さまは才智勝《すぐ》れ、書道においても草聖《そうせい》といわれた程のお方でしたので、菅公と道風がお大師さまの後身ということはもっとも道理に適っていると、人々は話しました。

幡慶僧正は一条天皇（在位九八六〜一〇一一）の時代の人です。

遺跡影向　百十九

堀河天皇の御代になり、年号が寛治となりました。東寺の定額僧・勝實《しょうじつ》はお大師さまのお寺、善通寺の別当職を受け出向きました。

ある夜、お大師さまの筆書の文語を感得しました。

居《きょ》を高野の樹下に卜《ぼく》し　神《たましい》を兜率《とそつ》の雲上に遊ばしむ
日々の影向《ようごう》を闕《かか》さず　處々《しょしょ》の遺跡《ゆいせき》を検知す

―身は高野の樹下に留め、心は兜率の院（弥勒菩薩の室）で過ごしている。けれど毎日必ず、私の歩んだ場所を見てまわり、姿を現わしては、人々の祈りを聞いている。皆からは私の姿は見えずとも、私は皆を守護している―

貴い言葉だと深く感じ、写しては人々に配っていたということです。

博陸参詣　百二十

関白藤原道長（九六六〜一〇二七）の四人の娘は次々と天皇の后や中宮となり、摂関政治の全盛を歩みました。

「この世をば　我が世とぞ思う　望月《もちづき》（十五夜の満月）の欠けたることもなしと思えば」の歌はその栄華を表しています。

道長公は深く思う事あって高野山に上りお大師さまに懺悔をしたく、治安三年（一〇二三）十月十七日、京を出立しました。熊野詣に慣《なら》い高野の麓《ふもと》からは藁履《わらぐつ》をはき山を登り、山中の仮屋に一泊。二十二日に金剛峯寺に泊まられ翌日朝早く奥の院を参詣して、自ら膝まづき法楽をささげ、一心に「大師生身のお姿を留めますならば、どうぞその験《しるし》を顕したまえ」と拝みました。その時御廟の戸が開き、香染めの御袖があらわれ、道長公は感涙《かんるい》にむせびました。

お大師さま御入定後百八十年、関白道長公五十八歳の時と記されています。

「博陸《はくりく》」とは、唐では関白のことを称します。

大塔修造　百二十一

久安五年（一一四九）五月十二日、高野山の大塔が雷火で焼失しました。火災に遭ってすぐ同じ月の二十八日には大塔再建の院宣が発布され、平忠盛が再建奉行に任ぜられました。平清盛が父の代わりに奉行の役割を果たすため、高野山に在住します。工事は八年の長きに渡りました。

ある一人の老僧が清盛にこのように語りました。

「伊都岐島（厳島）の神は筑前国宗像《むなかた》大神さまで、三人の姫君がおられます。奥津島姫命《おきつしまひめのみこと》、市杵島姫命《いちきしまひめのみこと》、湍津姫命《たぎつひめのみこと》と申します。伊都岐島は三柱姫をお祀りしている神さまなのです。

厳島大明神の本地仏《ほんじぶつ》は十一面観世音菩薩です。いま厳島神社は衰えていますが、三柱姫の神さまと、仏さまがお喜びになるようにお力添えをなさるなら、その功徳によって栄達を極められるでしょう。ご一門にも雨の如くふりそそがれます」

老僧はそう言うと立ち去りました。

清盛は宋との貿易によって得た財力で厳島の復興に着手し、栄達を重ねていきました。

高野臨幸　百二十二

白河上皇は、後三条院崩御後、院政による政《まつりごと》を司ること五十七年。理非決断・賞罰分明・男女の近臣を優遇するなど、桓武天皇以来の聖明の君主として知られています。

御前清談中、「如来在世（釈尊在世）には諸国の王が説法の莚《むしろ》に座したと聞く」と述べられると、大江匡房卿《おおえのまさふさきょう》が応えました。

「仏の在世にあらずとも、我が朝に霊地あり。高野山は弘法大師全身を留め入定した三国に類《たぐい》なき勝地なり」

白河上皇は、高野御臨幸を命じました。

寛治二年（一〇八八）二月二十二日都を発《た》ち、東大寺大仏を拝し、二十四日慈尊院に宿をとり、翌朝徒歩にて登られ、笠木坂の仮御所にて一泊。二十六日夕方金剛峯寺に着し、二十七日奥の院で新築の舎殿の内に御座を設置し、大法会を修されました。導師の啓白《けいびゃく》文（仏に申し上げる文章）に、「太上皇臨幸之儀は前代未聞」とあります。

白河上皇は在位中に三度高野に御臨幸されています。崇徳《すとく》天皇朝の大治二年（一一二七）には、白河・鳥羽両上皇が揃って御登山をされました。

奥院御廟　百二十三

二十七日朝、白河上皇は奥の院に参詣され、金泥《こんでい》の法華経一部、墨字の理趣経三十巻を奉納されたと記されています。

今、絵図を見ますと、御廟と禮殿との間に玉座を設け、衆僧読経の様子がわかります。法華経講讃《こうさん》と理趣三昧《りしゅざんまい》の法要を行ったとあります。

上皇は禮殿内に山僧三十口《く》を率いて玉座に坐し法会を勤められました。

以来、奥の院に陛下御参詣の時の法要は、この時の例に倣って行われています。

上皇の御参詣は、お大師さま御入定後二百五十四年、上皇御年三十五歳の時でした。

弘法大師略年譜

年号	西暦	年齢	年譜
宝亀　五	774	一歳	六月十五日、讃岐国多度郡屏風ヶ浦（現在の善通寺市）に生まれる。父・佐伯直田公《さえきのあたいたぎみ》（善通）、母・玉依姫《たまよりひめ》（阿刀《あと》氏）
延暦　七	788	十五歳	都に上る（奈良）
一〇	791	十八歳	国の大学に入る。味酒浄成《うまさけのきよなり》に毛詩左伝尚書を、岡田牛養博士《おかだのうしかいはかせ》に春秋左氏伝《しゅんじゅうさしでん》を学ぶ
十一	792	十九歳	このころ一沙門より虚空蔵求聞持法を授かり仏道修行を始める
十二	793	二十歳	槇尾山施福寺において勤操《ごんそう》大徳のもとで剃髪出家する
十三	794		平安京遷都
十四	795	二十二歳	東大寺戒壇院において受戒。空海と称する
十五	796	二十三歳	久米寺東塔で大日経を見る
十六	797	二十四歳	三教指帰《さんごうしいき》を著わし、儒教・道教より仏教が勝ることを説く
二十三	804	三十一歳	藤原葛野麻呂に従って遣唐使船にて入唐
二十四	805	三十二歳	恵果阿闍梨《けいかあじゃり》より密教の法門を受法。真言第八祖となる
大同　元	806	三十三歳	高階遠成とともに唐より帰朝
二	807	三十四歳	請来の曼荼羅・仏像・仏具を携え上京
弘仁　元	810	三十七歳	高雄山寺にて鎮護国家の祈祷を修法する。東寺別当に就任する
二	811	三十八歳	嵯峨天皇に書を献ず。これより嵯峨天皇との親交始まる

三	812	三十九歳	狸毛筆四管を天皇に献ずる。高雄山寺にて金剛界・胎蔵灌頂を行なう。最澄も受ける
四	813	四十歳	興福寺南円堂建立。鎮壇の法（地鎮祭）を修する
七	816	四十三歳	高野山を拝領する
八	817	四十四歳	高野山修禅の道場、伽藍建立に着手する
九	818	四十五歳	疫病流行。嵯峨天皇、般若心経を書写。大師般若心経秘鍵《ひけん》を撰して疫病平癒を祈る
十二	821	四十八歳	満濃池を修築する
十三	822	四十九歳	伝教大師最澄逝去
十四	823	五十歳	東寺を賜り真言道場とする。教王護国寺とする
天長 元	824	五十一歳	旱魃《かんばつ》の被害。神泉苑で請雨の祈祷を行なう。善女竜王出現し、国中に大雨降る
五	828	五十五歳	庶民の子女教育のために綜藝種智院《しゅげいしゅちいん》を開く
十	833	六十歳	高雄山両界曼荼羅を作す。宮中清涼殿にて宗論をする。大師の即身成仏が他宗より優れているとして、天皇、真言宗を各宗の上におくと勅する
承和 元	834	六十一歳	十二月二十九日、宮中において後七日御修法《ごしちにちみしほ》の勅許下る。宮中に真言院を建立する
二	835	六十二歳	三月二十一日寅の刻（午前四時）御入定
延喜二十一	921		十月二十七日、醍醐天皇より「弘法大師」の大師号を賜る

随想

同行二人

圓鍔勝三作　修行大師像
（滋賀県栗東市　正樂寺）

お大師さまの叡知〝満濃池《まんのういけ》〟

讃岐（香川県）琴平の東南の山麓に大きな池があります。

讃岐は川が少なく、水が乏しいため、多くの農業用溜池が作られました。中でも最大の池は満濃池です。大宝年間（七〇一～七〇四）に築かれたものの、その規模はあまりにも大きいため、池が満水になると水圧によって水門の堤《つつみ》がしばしば決壊を繰り返しました。

弘仁年間（八一〇～八二四）に入り、築池使《つきいけし》の路ノ真人浜継《みちのまびとはまつぐ》は三年の月日を費《つい》やし、満濃池の修築を手がけましたが、工事中も雨のため堤が切れ、下流に大きな被害をもたらしました。郡司や築池使、農民たちも皆当惑しきっていました。

この上は徳の高いお大師さまをお迎えして、この難工事を成就していただこうと、弘仁十二年（八二一）四月、朝廷に嘆願書を提出しました。

五月二十七日、朝廷はお大師さまに対し満濃池修築の別当を任ぜられました。お大師さまは護摩を修する為に壇を築き、二十日間の祈祷を行いました。現在もその護摩壇が遺されています。

七月には竣工。お大師さま自身も人足《にんそく》に交わり工事を指図し、土にまみれ、汗を流し、わずか三カ月の短期間をもって修築を完成させました。お大師さまは修築後、幾度か修繕を加えていますが、現在の満濃池は当時の姿に戻され、その面積は1.4平方キロメートル、周囲20キロメートル、国内最大級の灌漑用溜池として丸亀平野を潤《うるお》しています。
なぜ、巨大な水圧を克服できたのか謎でした。近代になり研究が進み、最も水圧のかかる堤が底の部分から曲線（弓なりのアーチ型）となっていて、水圧が放射状に分散されたために、堤の決壊を防いでいることがわかりました。

この原理は今日どのダムにも応用されています。千二百年以上も昔に円周率の計算ができたことを示しています。お大師さまは数学系の学問も身につけておられたのです。

満濃池の修築のみならず、大和の益田池（奈良県橿原市）の工事もお大師さまによるものでした。

満濃池と道標「大師神野寺」

お大師さまと神々

日本国は古い時代から多くの神々によって国が創られ守られてきました。
海に囲まれた日本列島。海には海の神が、山には山の神が、風には風の神、大きな樹木、岩、山、瀧、水の中と、大自然の中に神は宿っています。

日本という国は、国を治められている神さまが、言挙（言葉であれこれ言う）をしない国であると歌っています。

葦原《あしはら》の瑞穂《みずほ》の国は　神ながら　言挙《ことあげ》せぬ国　（柿本朝臣人麻呂《かきのもとあそんひとまろ》　万葉集三二五三）

万葉集が編纂《へんさん》された時代、日本人にとって神さまとは、お姿を示さず、言葉を用いず、ただ、大自然の中にその存在を感じるものでした。そして畏敬《いけい》の念をもって神を崇拝することが、神の道を極めることであるとされてきました。

これが惟神《かむながら》の道（教え）の始まりでした。

しかし六世紀半ばに朝鮮半島の百済から仏教の教えと、仏像のお姿が伝わりました。この仏教を受け入れるべきかどうか、意見が分かれました。蘇我馬子、聖徳太子は仏教を受容する崇仏派、物部氏は排仏派で、ついに戦にまでなりました。そして物部氏は、蘇我馬子及び皇族の連合軍に敗れ戦死したのです。

東寺　五重塔

推古天皇二年（五九四）に、仏教興隆の勅が発せられ、日本での仏教文化の時代が始まりました。

聖徳太子は、神と仏の関係を木に譬《たと》えています。

「神々を木の幹、諸仏を木の枝とし、幹も枝もなくば葉は茂らず、命が育めない」と、神仏尊崇の念を示されました。

弘法大師行状絵詞伝の中にも、天照大御神《あまてらすおおみかみ》、春日明神、丹生《にう》明神、八幡大菩薩、稲荷《いなり》大明神、厳島《いつくしま》明神、高野明神、蔵王権現《ざおうごんげん》がお大師さまの前にお姿を現され、お大師さまを守護し会話をされておられます。

稲荷大明神に至っては、東寺の伽藍が建立され、密教弘通《ぐつう》（ひろく広まること）を慶《よろこ》ばれ、自ら翁《おきな》の姿となって五重塔の心柱を伏見の稲荷山より引き助勢されました。

伏見稲荷と東寺は深い縁で結ばれていました。

この仏教と神さまの関係は、十九世紀の半ばすぎまで、一千年以上にわたり日本人の心根となって続いていました。しかし明治維新を契機に一変しました。それは明治新政府が打ち出した神仏分離政策でした。

慶応四年・明治元年（一八六八）から数回にわたり神仏

分離、神仏判然令が発布されました。仏教と神さまの信仰を分け離し、神道を国の正式な宗教（国教）とするための手段でした。

神社からは仏像類、鰐口《わにぐち》、梵鐘の類に到るまで仏教に関する物が廃されました。しかし日本人の心そのものまでを変えることはできませんでした。各家庭に神棚が祀られ、仏壇が存在することに何も違和感を持たない神仏習合の考え方が人々の心の中に自然に息づいていたのです。各々の家庭にまで法令で規制することはできませんでした。

もう一つ、稲荷神社を例にします。

伏見のお稲荷さんの最大のお祭は「稲荷祭」です（現在は四月二十日前後の日曜日）。この日に伏見大社五社の御輿が伏見のお山を出発し、京都駅八条口近くの御旅所（柴守長者の屋敷跡）に勢ぞろいし、氏子の拝礼を受けます。そして、二十日間滞在した後（稲荷明神が東寺を訪れた際、ここに二十日滞在したことによる習わし）、再び伏見のお山に帰られます。その時、東寺の僧侶の手によってご供養を受けられます。

この祭りの流れも神仏分離によって変更されました。しかし氏子は御輿の東寺参拝、供養を受けることの中断を承知せず復活。現在は昔と同じ様に御輿五基が境内の八幡様の前に据えられ、僧侶の手により供物が供えられて経典が読まれ、参列者も一緒に真言を唱えているのです。東寺参拝は続けられています。

同行二人の四国遍路

お大師さまが示された密厳浄土《みつごんじょうど》(仏さまの世界)と、偽り・争い・悩み・貪《むさぼ》りの葛藤を日々繰り返す私たちの娑婆《しゃば》世界とは、随分かけ離れています。この距離を少しでも縮め、仏さまの世界と、私たちの住する世界との融合を図ることはできないものか。それには、仏さまにこの娑婆世界を遊行していただき、私たちも感化を受けることで、仏さまと私たちとが隔《へだ》たりのない世界をこの世に実現させることが必要です。

その実践修行の道筋として、お大師さまが歩かれたゆかりの霊跡を選んだ「四国八十八カ所霊場」があります。

大師ゆかりの寺々を札所と呼び、この札所に自分の名前・年令・住する所を書いた札(納め札)を一カ寺、一カ寺納めて巡ることを巡礼・遍路と呼ぶのです(西国観音霊場は「巡礼」、四国八十八カ所は「遍路」と区別しています)。

その姿は、右手に金剛杖、左手に念珠、首から納箱を掛け、南無大師遍照金剛と書いた白衣を着し、輪袈裟を掛け、日常から離れた姿になって、お大師さまと一緒に札所を巡ることに始まります。

なぜ、八十八の数になさられたのか。男性の厄年四十二、女性の厄年三十三、子供の厄年十三を合わせた数という説。また、お大師さまが唐に渡られた時、お釈迦さまが入滅された後に建てられたストゥーパ（八つの塔）の土を頂《いただ》かれ、日本に持ち帰り、八塔土を十に分け、もとの八つの土を加えて八十八にした。その土を霊場の寺々に配したとされ、四国霊場を巡れば、お釈迦さまの八塔を巡礼した功徳が得られるとも言われています。

もっとも八十八カ所には大師誕生地、修行の地、四カ国の国分寺や一の宮、八幡宮、熊野権現、稲荷明神、石鎚《いしづち》権現などゆかりの寺々も含まれ、四国全土に渡り、その距離は一千四百キロメートルあり、歩けば六十日、車で巡っても十日はかかります。山あり谷あり変化にとんだ大自然の中に身を置き、お大師さまとともに歩む、「即身成仏、凡聖不二」（現実の生活とお遍路修行は別々の姿ではなく一体的なものという教え）を、身をもって経験する実践道場です。

お遍路に出るとお大師さまの様々な伝説に出会います。それらを日常生活の中で耳にしても、ただの作り話と退《しりぞ》けられますが、遍路の体験を通して味わうと、また不思議な力をともなって私たちに語りかけてくれます。

屋島の中腹に「弘法大師不喰梨《くわずなし》」の旧跡があります。今は車道が整備され、またケーブルカーもあり、歩き遍路の方々しか目にすることはありません。この旧跡についての話です。

お大師さまが屋島に登られた時、路の傍の家にたくさんの梨がたわわに実っていました。お大師さまは喉が渇き、梨の実を一つ進ぜてもらおうと家の主人に声を掛けました。主人は粗末な服をまとったお大師さまの姿をジロリと見て、「この梨は喰えんのだ」と冷たく言いました。お大師さまは「そうか、そうか。それではいただくわけにもいくまい。忙しい中、手を止めさせた」と、うやうやしく会釈して山路をさらに登って行かれました。

お大師さまの姿が見えなくなると主人は庭におり、たった今この梨は喰えぬと言った梨の木の下に行き、殊更よく熟した実を一つ取ると口に入れました。すると、毎年、甘く瑞々《みずみず》しい梨が砂を噛むかのようにシャリシャリと味気なくなっています。主人は別の実を一つ、また別の実を一つと、違う枝に生《な》る実を取って食べましたが、どの実も今までの美味しさはなく、形だけの梨になっていました。

山路を登り歩む中、「人に分け与えない、出し惜しみしたことがある」我が身のことに思い当たり、考えさせられました。

毎年、四国八十八カ所のお参りに人々を集いご一緒いたします。四月の四国遍路は桜も満開、野辺の花も美しく楽しい気分です。

ご同行のAさんはよく気が付き面倒見のよい、グループのリーダー格です。普段から商店街への行きがけに品物を眺め、良い品はないか、どこが安いかをチェックし、帰りに買い物をす

佛木寺（藁葺きの釣鐘堂）

る賢い奥さんです。

三十四番の種間寺のバス停で小柄な女性が蜜柑のお接待をしてくださいました。「おひとつどうぞ」とお遍路さんに声を掛け、蜜柑の入った籠を差し出されました。Aさんは、バスの中に残っているBさんCさんの分として、籠の中の大きく色つやのよい蜜柑を選ぶと、「ありがとうございます」と丁寧にお礼を言って、バスに残っていた人に配られました。

「お接待の品々を頂く時は、あれやこれやと選ばず、一番初めに手に触れた品がお大師さまからの贈り物。その中に無限の喜びが秘められているのですよ」

バスの中で蜜柑をいただきながら、そんな話をしました。

「同じいただくなら少しでもよい品、少しでも好い物と思い、つい……」

Aさんは少し顔を赤らめながら自分の行いを悔いていました。四国のお参りではすぐに素直に反省できるのも遍路の大きなご利益です。

お接待は、四国で生まれ遍路道に根付いた習慣です。お接待をした人の心は、遍路する人と一緒になって八十八カ所を巡ると言われています。お接待をした人は何の報いも期待せず、ただ自身の心を物に託して分け与えるのです。安らぎは喜びとなり、心が豊かになります。

お接待を受けた人は、納め札を一枚お礼に差し出す際に、南無大師遍照金剛をお唱えして、お大師さまからの贈り物を有り難く頂戴します。


学生時代、お遍路にあこがれ四国を旅したことがありました。十一番藤井寺の近くにある宿泊所で一泊しました。八十才を越えたおばあさまとご一緒の宿でした。

「学生さん、お大師さまはどこにおいでか、ご存じかな」

「四国八十八カ所を巡ったらお大師さまに会えると聞いています」

おばあさまは重ねて、

「お大師さまはどこにおられる」

と問うてきます。返答に困っていると、おばあさまはこう言いました。

「お月さまが池にその姿を映すが如く、人も入れ物があればお大師さまに会える。お大師さまに会いたかったら、器を作ることだよ、学生さん」

それから歌うように唱えました。

四国は大師が常に遊ぶところ
ここは悪人を戒めるところ
ここは善悪現報てきめんのところ
ここは障りの罪が消えるところ

今でも時々、あの時のおばあさまは、お大師さまだったのかなぁと思うことがあります。

7 番札所　弥谷寺

あとがき

「弘法大師絵伝」は巻物として各地の寺々に伝わっています。

このたび編集した弘法大師行状絵詞伝は、天保五年大師一千年御忌に四幅の掛軸として制作された仏画です。

明治十七年、大師一千五十年御忌には東寺版・行状曼荼羅四幅軸が作られています。よく似ていますが比較しますと、題名に違いがあります。その違いを目次を順に見ますと、次のようになります。

〈天保五年版〉法樂寺蔵　　〈東寺版〉
絵像の数　百二十三点　　百二十一点

17　釋迦湧現　　誓願霊夢
28　旅館資糧　　旅館賜饗

36	恵果拝見	恵果拝謁
41	道具相傳	秘具相傳
44	恵果葬送	恵果葬儀
49	加水社木	賀春生木
62	八幡約諾	互御影写
65	製作造給	製作章疏
76	高越留錫	二人弟子
111	奥院送歛	奥院奉送
112	嵯峨喪禮	天皇葬儀
121	大塔修造	大塔造営

※57の「西哭救尼」は本図の軸だけにあり、大師伝の中にはその項目が見当たりません。

本書の軸は、絵像の流れが下から上へ、各段は右から左に進む形状です。

江戸期と明治期両方の行状絵図で、描かれるべきと思われるが抜けているのは次の項目です。

一．般若三蔵より経巻附属の事

一．唐の詩人、才子送別の詩撰

一．満濃池堤防修築の事
一．綜藝種智院設立の事
一．いろは歌・制作の事
一．四国八十八カ所の事

これらは「弘法大師行状絵詞伝」の中に入るべき題材です。

東寺版は題名が、「弘法大師行状曼荼羅」と、マンダラの言葉が使用されている事も大きな違いです。

そして東寺版が出版されて五十年後、大師千百年御忌に詳しい解説本が長谷宝秀僧上により編集され、東寺御忌事務局より出版されました。本書はその解説書を元とし、絵伝の下に詞書きを記して、私なりの「お大師さまってどんな方」を書かせていただきました。

また次の図書を参照しました。

一．弘法大師著作全集（山喜房佛書林）
一．空海入唐の道（静慈圓　朱鷺書房）
一．弘法大師の誕生（武内孝善　春秋社）
一．弘法大師の絵解（中前正志　花園大学研究紀要第三号）

昭和四十三年から毎年四国遍路を多くの方々とご一緒させていただきました。顧《かえり》みれば、令和四年まで、毎年四月の四国遍路は心うきたつ五十五年間でした。

お寺の歩みは多くの方々のご縁と仏さまのお力なくして成り立たない事です。

その感謝とお大師さまと一緒に過ごす喜びを、御誕生千二百五十年の機に重ね本書をお届けいたします。

あうん社の平野智照氏には、長年のお付合いに甘え編集から出版と大変なお世話を掛けました。深く感謝申し上げ、あとがきといたします。

令和五年十月二十一日

小松　庸祐

■ 編著者略歴

小松　庸祐（こまつ　ようゆう）

昭和 16 年（1941）東京生れ
国学院大学文学部史学科卒
41 年（1966）大阪法樂寺入寺
57 年（1982）正力松太郎賞（団体賞）受賞
58 年（1983）滋賀県栗東市正樂寺住職
平成 5 年（1993）法樂寺住職
15 年（2003）密教教化賞受賞
31 年（2019）法樂寺名誉住職

著書に「ほとけさまの物語散歩　―古典に学ぶ仏教のこころ」（朱鷺書房）
「般若心経　読む・聞く・書く」（西東社）
「真実の人　慈雲尊者」共著（大法輪閣）
「神と仏の物語　― 日本人の心のふるさと」（大法輪閣）
「四国八十八カ所仏画巡礼」「西国三十三所仏画巡礼」（朱鷺書房）他

お大師さま御誕生千二百五十年記念

弘法大師行状絵詞伝

発行日　2023 年 11 月 21 日　初版第 1 刷

編著者　小松　庸祐
発行人　法樂寺霊場会
大阪市東住吉区山坂 1-18-30　TEL（06）6621-2103
発行所　あうん社
兵庫県丹波市春日町野上野 21
TEL (0795)70-3232　FAX (70)3200
http://ahumsya.com

制作 ●（有）あうん社
装丁 ● クリエイティブ・コンセプト
印刷・製本所 ● 岩岡印刷

落丁本・乱丁本はお取替えいたします。

ISBN978-4-908115-40-0
定価はカバーに表示しています。